LE QUÉBEC
À COUPER LE
SOUFFLE

Textes : Henri Dorion
Photographies : Pierre Lahoud
Design graphique : Christine Hébert
Traitement des images : Madeleine Charette
Révision : Services linguistiques Dorion-Coupal
Cartographie : Karine Tessier, Département de géographie, Université Laval
Photo de la page 317 : Gilles Lemieux

Pour joindre les auteurs :
henridorion@bell.net
pierrelahoud@me.com

03-11

Dépôt légal : 2011
Bibliothèque et Archives nationales du Québec

ISBN 978-2-7619-3080-2

DISTRIBUTEURS EXCLUSIFS :

Pour le Canada et les États-Unis :
MESSAGERIES ADP*
2315, rue de la Province
Longueuil, Québec J4G 1G4
Téléphone : 450 640-1237
Télécopieur : 450 674-6237
Internet : www.messageries-adp.com
* filiale du Groupe Sogides inc.,
filiale du Groupe Livre Quebecor Media inc.

Pour la France et les autres pays :
INTERFORUM editis
Immeuble Paryseine, 3, Allée de la Seine
94854 Ivry CEDEX
Téléphone : 33 (0) 1 49 59 11 56/91
Télécopieur : 33 (0) 1 49 59 11 33
Service commandes France Métropolitaine
Téléphone : 33 (0) 2 38 32 71 00
Télécopieur : 33 (0) 2 38 32 71 28
Internet : www.interforum.fr
Service commandes Export – DOM-TOM
Télécopieur : 33 (0) 2 38 32 78 86
Internet : www.interforum.fr
Courriel : cdes-export@interforum.fr

Pour la Suisse :
INTERFORUM editis SUISSE
Case postale 69 – CH 1701 Fribourg – Suisse
Téléphone : 41 (0) 26 460 80 60
Télécopieur : 41 (0) 26 460 80 68
Internet : www.interforumsuisse.ch
Courriel : office@interforumsuisse.ch
Distributeur : OLF S.A.
ZI. 3, Corminboeuf
Case postale 1061 – CH 1701 Fribourg – Suisse
Commandes :
Téléphone : 41 (0) 26 467 53 33
Télécopieur : 41 (0) 26 467 54 66
Internet : www.olf.ch
Courriel : information@olf.ch

Pour la Belgique et le Luxembourg :
INTERFORUM BENELUX S.A.
Fond Jean-Pâques, 6
B-1348 Louvain-La-Neuve
Téléphone : 32 (0) 10 42 03 20
Télécopieur : 32 (0) 10 41 20 24
Internet : www.interforum.be
Courriel : info@interforum.be

Gouvernement du Québec – Programme de crédit d'impôt pour l'édition de livres – Gestion SODEC – www.sodec.gouv.qc.ca

L'Éditeur bénéficie du soutien de la Société de développement des entreprises culturelles du Québec pour son programme d'édition.

Le Conseil des Arts du Canada
The Canada Council for the Arts

Nous remercions le Conseil des Arts du Canada de l'aide accordée à notre programme de publication.

Nous remercions le gouvernement du Canada de son soutien financier pour nos activités de traduction dans le cadre du Programme national de traduction pour l'édition du livre.

Nous reconnaissons l'aide financière du gouvernement du Canada par l'entremise du Fonds du livre du Canada pour nos activités d'édition.

Henri Dorion Pierre Lahoud

LE QUÉBEC À COUPER LE SOUFFLE

100 BELVÉDÈRES POUR COMPRENDRE NOS PAYSAGES

LES ÉDITIONS DE L'HOMME
Une compagnie de Quebecor Media

Ce livre est notre hommage à la Sépaq,
la Société des établissements de plein air du Québec, qui se consacre
à la protection de la valeur patrimoniale de nos paysages.

TABLE DES MATIÈRES

LA RÉGION CHAUDIÈRE-APPALACHES ---------- 179

LE BAS-SAINT-LAURENT ---------- 205

L'EST ---------- 247

LE NORD ---------- 297

LES BELVÉDÈRES ET L'ESPRIT DES LIEUX

Plusieurs religions prétendent que c'est quelque part en haut que se cache la demeure des dieux. C'est aussi dans la partie haute des villes que, depuis toujours, les autorités civiles, ecclésiastiques et militaires ont préféré élire domicile. L'idée de domination n'est pas étrangère à l'attrait des hauteurs.

Il y a bien une autre manière, plus accessible, moins problématique, plus douce, d'accéder à ces hauteurs qui fascinent. Dominer la nature et ses paysages, après avoir vaincu l'altitude et les quelques difficultés qui, parfois, mais parfois seulement, ponctuent les chemins et sentiers menant à un belvédère, voilà la gratification qu'offrent ces lieux privilégiés. Le plus souvent, on découvre de là-haut des panoramas *à couper le souffle*, expression qui évoque bien la récompense de l'effort fourni pour y parvenir.

Aménagés ou à leur état naturel, ces hauts lieux ont l'avantage d'offrir de larges vues d'ensemble sur le pays environnant, qu'il soit d'une majestueuse simplicité ou le résultat étonnant d'un agencement complexe d'éléments épars. Ils constituent des observatoires de la logique des paysages et, à cet égard, interpellent l'observateur.

À quel génie de la nature doit-on la majesté de telle vallée glaciaire ? À quel principe, l'harmonie de telle campagne ? Et l'heureux voisinage de cette campagne avec le village ne suggère-t-il pas qu'urbains et ruraux arrivent parfois à faire bon ménage ? Comment tel coin de pays peut-il, vu de là-haut, évoquer tant de souvenirs de la grande comme de la petite histoire ? De quelle capacité d'envoûtement ce lieu unique peut-il être investi pour avoir inspiré tant d'artistes et d'écrivains ? Pourquoi les montagnes sont-elles parfois coiffées de croix ? Enfin, à quoi tient donc cette attirance des hauteurs ?

En réponse à certaines de ces questions, les textes et les photographies qui présentent les cent belvédères réunis dans ce recueil évoquent, par

divers aspects, *l'esprit* de ces lieux. Ils nous livrent des parcelles de géographie, d'histoire ou de légende qui amènent le paysage à vivre, à vibrer, à affirmer ses origines et, souvent, à poser à son tour des questions. À ce fascinant jeu de miroirs, voir le pays, le regarder attentivement, c'est se laisser interroger. S'interroger sur ce qu'on connaît de lui pour découvrir de nouvelles dimensions, de nouvelles couleurs, de nouveaux desseins. Observés du haut d'un belvédère, les lieux prennent une dimension nouvelle.

Les belvédères sont des observatoires qui peuvent aussi jouer le rôle de vigies, de sentinelles à l'affût de ce qui menace l'harmonie des paysages qui se déploient en contrebas. Il faut voir le pays d'en haut, autant que d'en bas, pour en apprécier le sens et la valeur, pour comprendre qu'il mérite protection et valorisation en tout respect de sa naturelle évolution. Qu'il mérite d'être protégé comme de s'épanouir.

En entreprenant ce long circuit des belvédères du Québec, vous serez appelé à découvrir de nouveaux paysages, à redécouvrir ceux que vous aimiez déjà et à constater, avec Marcel Proust, que « *le véritable voyage de découverte ne consiste pas à chercher de nouveaux paysages, mais à avoir de nouveaux yeux* ». Vous emplirez vos poumons de l'air vivifiant des hauteurs et ferez écho à la maxime chinoise : « *Homme de la plaine, pourquoi gravis-tu la montagne ? Pour mieux regarder la plaine !* »

Par monts et par vaux, emportez ce livre.

Effort, parfums, ravissement vous attendent.

BONNES DÉCOUVERTES !

QUELQUES PRÉCISIONS

Quand les Montréalais disent qu'ils vont dans « le Nord » ou dans « les Laurentides », ils s'approprient, en toute logique, des désignations que les géographes voient autrement. En effet, à proprement parler, les Laurentides débordent largement la région touristique qui s'est développée au nord-ouest de Montréal. En fait, elles s'étendent de l'Outaouais à la Côte-Nord, celle-ci bel et bien située 500 kilomètres plus au nord que le « nord de Montréal ».

Il faut garder à l'esprit que le Saint-Laurent, notre référence maîtresse, fait mentir les points cardinaux par son orientation sud-ouest–nord-est. Ce que l'on dit au nord pourrait en fait se trouver au nord-ouest et ce que l'on dit à l'est est en général situé au nord-est. Aussi, pour compliquer le tableau, ce qui se trouve au sud-ouest est désigné comme étant à l'est (Estrie, Cantons de l'Est), mais ça, c'est une autre histoire.

Par ailleurs, quand les Québécois ou les Gaspésiens montent dans « le Nord », ils pensent en général au Grand-Nord, au pays des Inuits, ou encore à la région de Chibougamau, six fois plus éloignée de Montréal que ne l'est Saint-Jovite. À chacun son nord et ses Laurentides !

Par contraste, de Montréal à Gaspé, de Sherbrooke à Sept-Îles, d'où que l'on soit, aller dans « le Sud » veut dire laisser le Québec pour gagner le soleil des tropiques. Tout relatif soit-il, il ne fait pas de doute : le nord est bien ancré dans l'identité des Québécois.

Compte tenu de ces flottements terminologiques, nous avons classé nos belvédères selon leur emplacement, en tâchant de les répartir équitablement en huit grandes régions administratives, touristiques ou géographiques.

----QUELQUES PRÉCISIONS-----QUELQUES PRÉCISIONS-----QUELQUES PRÉCISIONS-----QUELQUES PRÉCISIONS-----QUELQUES

Voici l'ordre dans lequel vous trouverez les belvédères dans cet ouvrage :

1. L'OUEST : les belvédères des régions de Montréal et de l'Outaouais ;
2. LES LAURENTIDES : ceux du nord de Montréal et de l'arrière-pays de Trois-Rivières ;
3. LE SUD-OUEST : ceux essentiellement des Cantons-de-l'Est ;
4. LA RÉGION DE LA CAPITALE-NATIONALE : ceux de la région administrative ;
5. LA RÉGION CHAUDIÈRE-APPALACHES : ceux de la région administrative ;
6. LE BAS-SAINT-LAURENT : ceux de la région administrative ;
7. L'EST : ceux de la Gaspésie et des Îles-de-la-Madeleine ;
8. LE NORD : les belvédères situés essentiellement au nord du 48e parallèle.

Un conseil : l'accès à chaque belvédère est indiqué quant à la route à suivre, mais les périodes d'accès et la tarification, fort variables, ne sont pas indiquées. Il est conseillé de toujours s'en informer avant de s'y rendre. Il existe deux excellentes sources donnant ces renseignements : *Le répertoire des lieux de marche au Québec* et *Le guide du plein air au Québec.*

Le degré de difficulté des accès aux belvédères est indiqué par les symboles suivants :

- Aucune difficulté
- Facile
- Intermédiaire
- Difficile

Dans les cas où des montées mécaniques sont disponibles, c'est le niveau de difficulté par les sentiers qui est indiqué sur la carte générale.

-QUELQUES PRÉCISIONS-----QUELQUES PRÉCISIONS-----QUELQUES PRÉCISIONS-----QUELQUES PRÉCISIONS-----QUELQUES PR

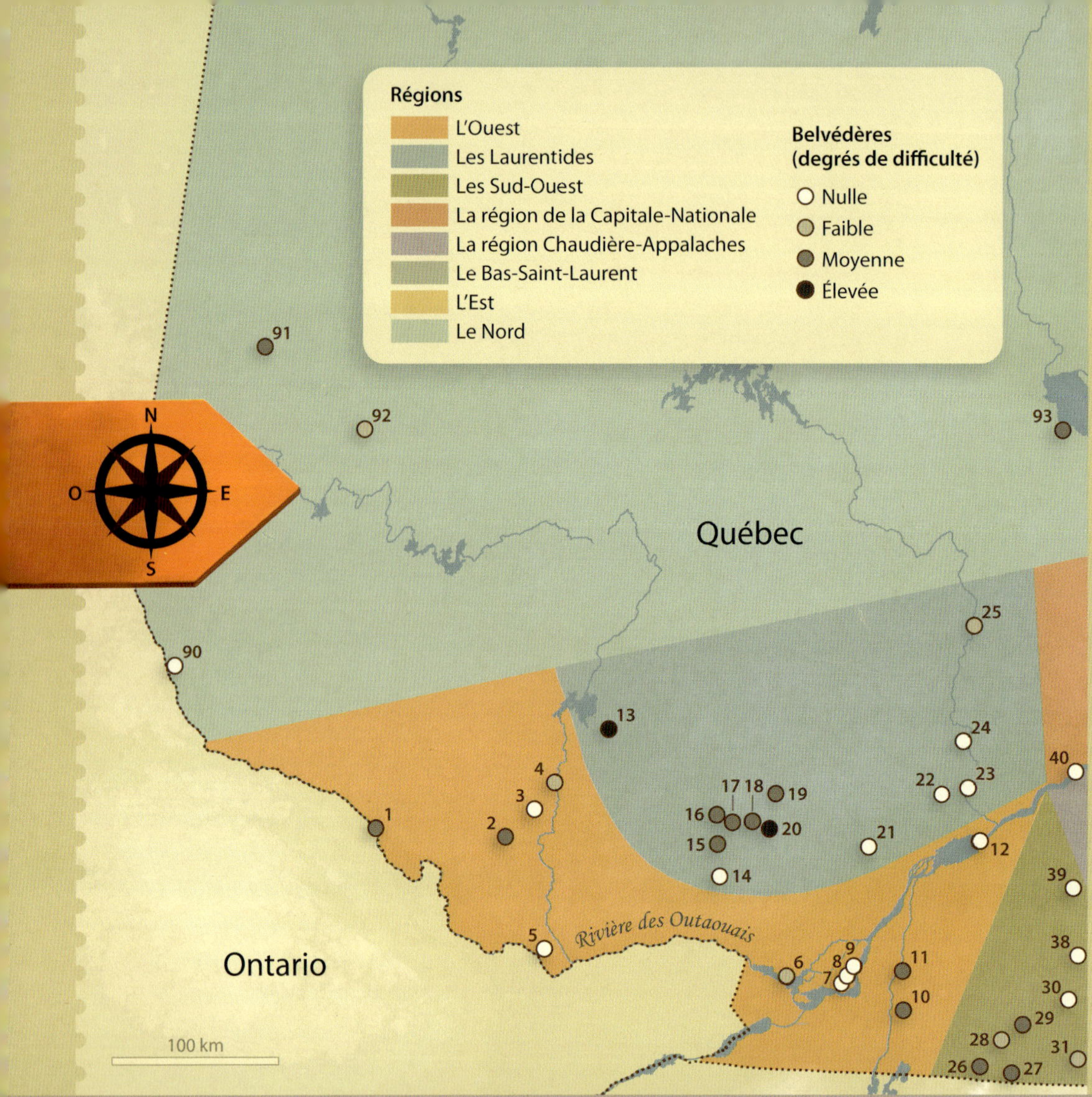

LES BELVÉDÈRES PAR RÉGION-----LES BELVÉDÈRES PAR RÉGION-----LES BELVÉDÈRES PAR RÉGION-----LES BELVÉDÈRES PAR

1. Le rocher à l'Oiseau
2. Le mont Cayamant
3. Le mont Morissette
4. La tour du Château Logue
5. Le belvédère Champlain
6. La montagne du Calvaire
7. Le belvédère du parc Summit
8. Le belvédère Kondiaronk
9. L'Observatoire de la Tour de Montréal
10. Le mont Saint-Grégoire
11. Le Pain de Sucre
12. Le belvédère de l'Anse-du-Port
13. La montagne du Diable
14. La montagne du Calvaire
15. La montagne d'Argent
16. La montagne du Caribou
17. Le mont Tremblant
18. Le belvédère du sentier de la Corniche
19. Le belvédère du sentier l'Envol
20. La montagne Noire
21. La montagne Coupée
22. La montagne du Calvaire
23. La tour d'observation de la Cité de l'énergie
24. Le belvédère de l'île aux Pins
25. Le belvédère de la Petite rivière Bostonnais
26. Le sommet Rond
27. Owl's Head
28. Le mont Foster
29. Le mont Orford
30. Le sanctuaire de Beauvoir
31. La tour Charland
32. Le belvédère de Saint-Malo
33. Le mont Mégantic
34. Le mont Gosford
35. La montagne de la Croix
36. Le belvédère de la Maison du Granit
37. Le mont Ham
38. Le belvédère de la Vache
39. Le mont Arthabaska
40. Le cap Lauzon
41. Le mont Gibraltar
42. L'Observatoire de la Capitale
43. Le belvédère du parc de la Chute-Montmorency
44. Le belvédère de Saint-François
45. Le mont Sainte-Anne
46. Le sentier des Caps
47. Le cap Maillard
48. Le belvédère des Éboulements
49. La montagne de la Croix

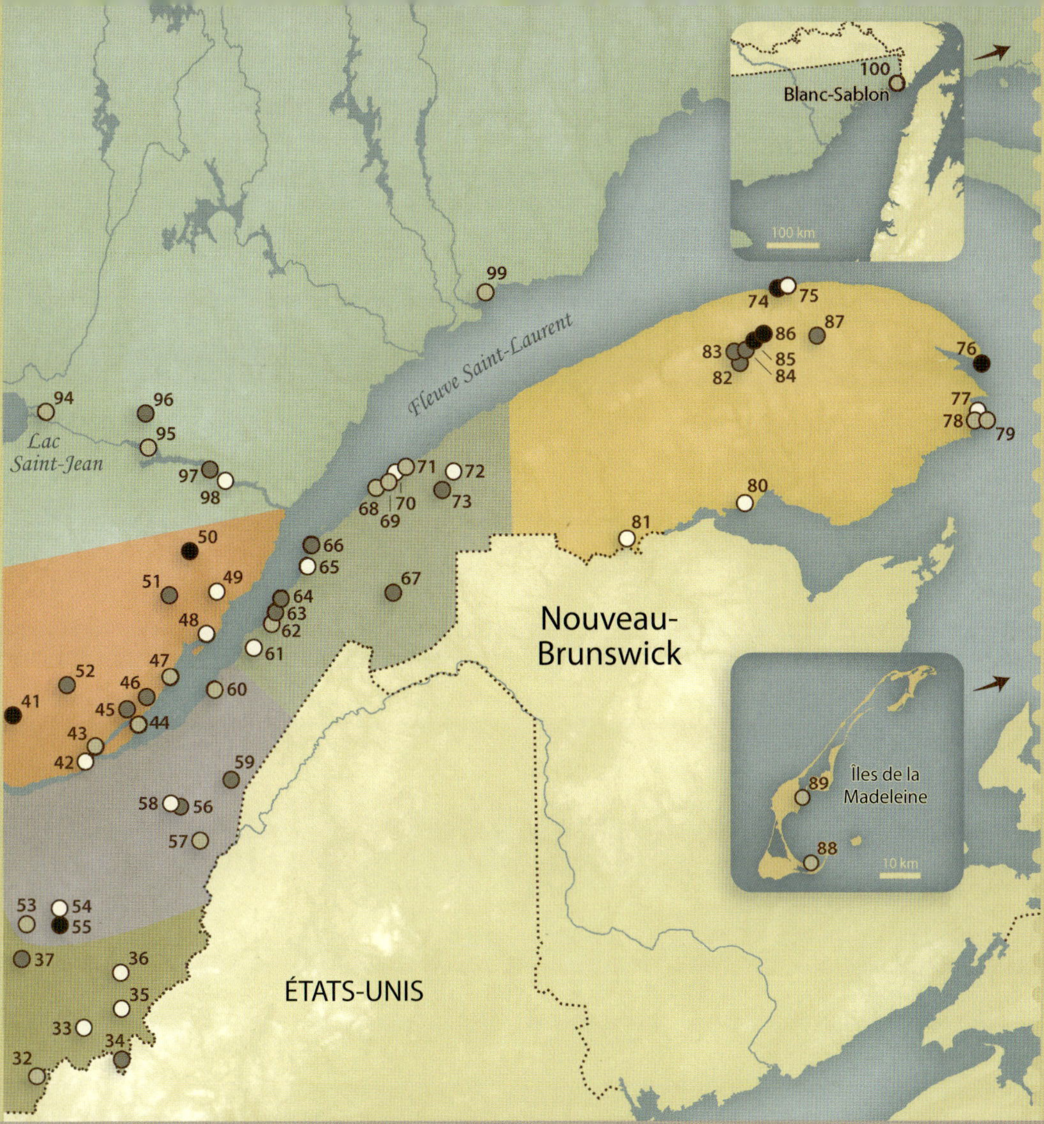

N-----LES BELVÉDÈRES PAR RÉGION-----LES BELVÉDÈRES PAR RÉGION-----LES BELVÉDÈRES PAR RÉGION-----LES BELVÉDÈRE

50. L'Acropole des Draveurs
51. Le mont du Lac des Cygnes
52. Le sentier Les Loups
53. La tour d'observation de Saint-Fortunat
54. Le belvédère de la mine Bell
55. Les trois monts de Coleraine
56. Le belvédère du mont du Midi
57. Le belvédère du Monastère
58. Le belvédère de Buckland
59. Le mont Sugar Loaf
60. Le belvédère des Anciens Canadiens
61. Le belvédère de la Croix
62. La montagne à Coton
63. Le belvédère du Faucon
64. Les belvédères de la SEBKA
65. Le belvédère du parc des Chutes
66. Le sentier des Passereaux
67. Le belvédère de la Montagne-à-Fourneau
68. Le belvédère Beaulieu
69. La croix de Saint-Fabien
70. Le belvédère Raoul-Roy
71. Le pic Champlain
72. Le belvédère de Saint-Narcisse
73. Les Portes de l'Enfer
74. Le mont Saint-Pierre
75. Le cap aux Corbeaux
76. Le cap Bon Ami
77. Le pic de l'Aurore
78. Le mont Sainte-Anne
79. L'île Bonaventure
80. Le mont Saint-Joseph
81. Le belvédère Horizon de rêve
82. Le mont Hog's Back
83. Le mont Olivine
84. Le mont Ernest-Laforce
85. Le mont Xalibu
86. Le mont Jacques-Cartier
87. Le mont du Porphyre
88. La butte de la Croix
89. Le cap aux Meules
90. Le belvédère de l'Outaouais
91. Le belvédère du sentier La Traverse
92. La tour d'observation Rotary
93. Le belvédère de Val-Jalbert
94. Le château d'eau de L'Isle-Maligne
95. Le cap Jaseux
96. Le pic de la Hutte
97. Le belvédère de la Vierge
98. Le belvédère de l'Anse-de-Tabatière
99. Le Jardin des glaciers
100. Le cap Crow

LE ROCHER À L'OISEAU-----LE MONT CAYAMANT-----LE MONT MORISSETTE-----LA TOUR DU CHÂTEAU LOGUE-----LE BELVÉDÈRE

JR DE MONTRÉAL-----LE MONT SAINT-GRÉGOIRE-----LE PAIN DE SUCRE-----LE BELVÉDÈRE DE L'ANSE-DU-PORT-----LE ROCHER

LAIN-----LA MONTAGNE DU CALVAIRE-----LE BELVÉDÈRE DU PARC SUMMIT-----LE BELVÉDÈRE KONDIARONK-----L'OBSERVATOIF

L'OUEST

AU-----LE MONT CAYAMANT-----LE MONT MORISSETTE-----LA TOUR DU CHÂTEAU LOGUE-----LE BELVÉDÈRE CHAMPLAIN-----LA

Montréal et Québec, voilà deux villes fort différentes sous presque tous les angles : historique, économique, démographique, sociologique. Elles ont cependant en commun de se trouver entre les deux grands ensembles montagneux qui couvrent la quasi-totalité du Québec : le Bouclier canadien au nord, les Appalaches au sud. À Québec, ces deux régions se touchent ou presque, alors qu'à Montréal elles se devinent dans le lointain. Elles n'en font pas moins partie du pays des Montréalais, fréquenté ou rêvé. La Montérégie et l'Outaouais sont en effet deux régions connues des habitants de la métropole, grâce à leur relative proximité et aux attraits touristiques qu'elles recèlent.

On se doute bien que, dans la plaine, les belvédères sont rares. Mais la nature y a vu : les collines montérégiennes qui brisent la monotonie des basses terres sont autant

d'observatoires naturels depuis lesquels le mariage entre plaine et monts exhibe une géographie faite d'heureuses complémentarités. La plaine qui entoure la ville insulaire offre au moins trois belvédères d'intérêt. Quant aux belvédères urbains, la part de l'intervention humaine y est importante et réussie. Nous en avons également retenu trois.

Enfin, d'autres belvédères permettent de découvrir divers aspects de l'Outaouais, cet arrière-pays de la capitale fédérale qui se trouve à être aussi celui de la métropole québécoise. À l'époque des pionniers, cette région était perçue comme une réserve de richesses, représentée par la trilogie fourrures-forêt-énergie, aux confins du pays en émergence. Plus contrasté dans son relief, l'Outaouais promet une grande variété de points de vue, dont certains revêtent par surcroît une dimension historique captivante.

-LE ROCHER À L'OISEAU-----LE ROCHER À L'OISEAU-----LE ROCHER À L'OISEAU-----LE ROCHER À L'OISEAU-----LE ROCHER À L'O

3

1

LE ROCHER À L'OISEAU

SHEENBORO

LE ROCHER À L'OISEAU-----LE ROCHER À L'OISEAU-----LE ROCHER À L'OISEAU-----LE ROCHER À L'OISEAU-----LE ROCHER À L'OIS

Pîjâshig. Pinesîe Asin Mîkânsing ! Pour ceux qui ne maîtrisent pas la langue algonquine : *Bienvenue au sentier du Rocher-à-l'Oiseau !* Nous sommes ici en terre indienne. Samuel de Champlain avait noté la vastitude du pays algonquin et la présence de plusieurs groupes ou sous-nations le long des affluents de la *Kichi sipi*, leur *grande rivière*, la rivière des Outaouais. Les linguistes le savent, presque tous les peuples ont leur grande rivière. Les nouveaux arrivants en Nouvelle-France ont appelé le Saint-Laurent la *Grande rivière de Canada*. Les Innus ont la *Mistassibi* ; les Inuits, la *Koksoak* ; les Algonquiens du Sud, le *Mississippi* ; les Mexicains du temps de la Nouvelle-Espagne avaient le *Rio Grande ;* les Maures à l'époque où ils occupaient l'Espagne, le *Guadalquivir*. Dans la langue de ces peuples, ce sont autant d'équivalents de « grande rivière ».

Rappelons que *asin* ou *asini* signifie « rocher » en algonquin, ce qui permet de comprendre que le lac Mistassini est désigné par sa description : « le grand rocher ». Ajoutons que le nom de la rivière Assiniboine, en Saskatchewan, rappelle que les Indiens préparaient leurs repas sur une roche brûlante. Cette digression toponymique ne nous éloigne pas tellement de notre propos puisque les Indiens utilisaient leur *asini*, le rocher à l'Oiseau, pour se protéger du froid : ils faisaient un grand feu au pied du rocher, qui emmagasinait assez de chaleur pour réchauffer ceux qui s'y étaient réfugiés.

Et pourquoi « à l'Oiseau » ? Les Algonquins vous raconteront peut-être qu'un jour un jeune enfant, bivouaquant avec son clan au haut du rocher, perdit pied et tomba dans le vide. Un grand oiseau vint alors le saisir en plein vol et l'emporta dans le lointain pays du mystère. Vous pouvez lire et écouter cette légende dans le livre-CD *Lieux de légendes et de mystère du Québec* publié aux Éditions de l'Homme.

Une fois parvenu au sommet du rocher, vous pourrez imaginer voir passer sur la paisible rivière des Outaouais quelques missionnaires jésuites qui s'étaient donné la mission de convertir les Indiens ou quelques coureurs des bois allant chercher ou rapportant un chargement de ces fourrures qui faisaient la richesse des Pays-d'en-Haut. Fermez les yeux et vous entendrez peut-être résonner la chanson :

C'est l'aviron qui nous mène, qui nous mène
C'est l'aviron qui nous mène en haut.

?

Comment s'y rendre

Presque au bout de la route qui suit la rivière des Outaouais vers le nord-ouest, vous arrivez à Sheenboro. De là, vous continuez vers le nord, sur environ 6 km, après quoi le sentier de 5 km menant au rocher à l'Oiseau est bien indiqué.

1. En montant au rocher, vous apercevrez de ces ombres... **2.** Nous sommes en pays algonquin. **3, 4.** Le rocher d'où l'enfant... une belle légende.

LE MONT CAYAMANT

CAYAMANT

1

-LE MONT CAYAMANT-----LE MONT CAYAMANT-----LE MONT CAYAMANT-----LE MONT CAYAMANT-----LE MONT CAYAMANT-----LE

Comme bien des municipalités du Québec, Cayamant a d'abord été un des lieux de colonisation qui ont attiré, à la fin du XIXe siècle, des défricheurs canadiens-français venus du sud y *faire de la terre*. Ils ont remonté les rivières Gatineau et Picanoc, puis le ruisseau Cayamant jusqu'au lac du même nom, à la recherche de terres propices à l'agriculture. Mais, là comme ailleurs, la vocation a changé : l'exploitation de la forêt et aujourd'hui le tourisme et les activités de plein air ont pris le relais.

Une impressionnante tour d'observation qui culmine à quelque 400 mètres d'altitude a été aménagée sur le versant du mont Cayamant. Pour découvrir le vaste paysage qui s'offre de là-haut, il suffit de suivre le sentier bien dégagé qui mène à la tour et fournir un petit effort supplémentaire pour atteindre le palier d'observation, vingt-six mètres plus haut. Vous serez alors récompensé d'avoir gravi 540 marches. En regardant vers le nord, c'est le long lac Cayamant, lové dans un écrin forestier de feuillus, qui domine le paysage. Avec les basses montagnes qui l'escortent, il forme un ensemble dont la douceur contraste avec le relief en général plus sévère du Bouclier.

Lors de la montée, il faut s'arrêter devant un panneau d'interprétation très instructif. Celui-ci révèle que, derrière le visage calme de la région, se cache une histoire géologique tourmentée dont les périodes se comptent en milliards d'années. Des graphiques font référence à la présence d'une très ancienne mer, à l'accumulation de sédiments dans son fond et à leur compression dans les entrailles de la terre. Divers agents d'érosion sont par la suite intervenus pour façonner le relief, dont la grande glaciation qui a recouvert le Québec il y a plus de dix mille ans ; celle-ci est responsable de la vallée axiale qu'occupe le lac Cayamant. Bref, un intéressant cours de géomorphologie.

Un autre panneau vous soumettra à un petit test de connaissances héraldiques, en arborant les armoiries de la municipalité. Vous aurez sûrement compris ce qu'évoquent l'église, la canne à pêche, la carabine, les arbres et l'aigle. Un indice concernant ce dernier élément : il s'agit de toponymie. Deux montagnes jouxtent le mont Cayamant : le *Nid de l'Aigle* et le *mont de la Forêt de l'Aigle*. Au fait, d'où vient ce nom étrange de *Cayamant* ? Comme c'est souvent le cas pour les noms de lieux d'origine amérindienne, on ne dispose que d'hypothèses : certains croient que ce mot signifie « la baie du lac » ; d'autres proposent « le lac du porc-épic », hypothèse plus vraisemblable. À vous de choisir.

?

Comment s'y rendre

À partir de Gatineau, la route vous mène, après 100 km, à Wright, d'où part le chemin du lac Cayamant. À la sortie de celui-ci, le chemin du Petit-Cayamant longe le lac ; 13 km plus loin, c'est le départ su sentier.

1, 2. Avant les larges paysages forestiers, les sous-bois. **3.** La tour couchée par l'ombre. **4.** Le lac Cayamant, un large chemin bleu dans la forêt. **5, 6.** Il faut parfois s'élever bien haut pour voir le pays. **7.** Jeux d'ombre et de lumière.

2 3

MANT-----LE MONT CAYAMANT-----LE MONT CAYAMANT-----LE MONT CAYAMANT-----LE MONT CAYAMANT-----LE MONT CAYAMAN

4

6

MONT CAYAMANT-----LE MONT CAYAMANT-----LE MONT CAYAMANT-----LE MONT CAYAMANT-----LE MONT CAYAMANT-----LE MON

7

1

2

--LE MONT MORISSETTE-----LE MONT MORISSETTE-----LE MONT MORISSETTE-----LE MONT MORISSETTE-----LE MONT MORISSE

4

3

LE MONT MORISSETTE

BLUE SEA

MONT MORISSETTE-----LE MONT MORISSETTE-----LE MONT MORISSETTE-----LE MONT MORISSETTE-----LE MONT MORISSETTE---

Le mont Morissette est situé dans la municipalité de Blue Sea, du nom du lac que bordent des habitations permanentes et estivales. Ce double habitat traduit bien l'histoire du village. À la fin du XIXe siècle, quelques familles canadiennes-françaises vinrent s'installer en bordure du lac. Peu après, l'arrivée du chemin de fer permit à des villégiateurs originaires de l'Outaouais et de l'Est ontarien d'y élire domicile durant la belle saison. L'usage des deux langues dans la toponymie locale, notamment celle du lac et des îles qui le parsèment, témoigne de cette présence anglophone. Ainsi, une des îles a pris le nom d'une ancienne gare, Orlo, qui, selon certains, serait l'acronyme d'*Ontario Railroad & Land Owner*. La vocation touristique de la région se traduit par une variation démographique au fil des saisons : les habitations permanentes ne représentent que le tiers de l'ensemble des résidences.

Le lac Blue Sea est dominé, à l'ouest, par une montagne sillonnée de sentiers qui rayonnent autour d'un belvédère accessible par la route. C'est le mont Morissette, dont le sommet avoisine les 400 mètres et d'où se dégage un large panorama. Au fond, le ruban bleu des moyennes montagnes du Bouclier; plus près, un océan de verdure au centre duquel s'étire le lac Blue Sea, parsemé d'une quinzaine d'îles. Plus près encore, au pied du belvédère, parmi de quelques arbres morts noyés, l'étang aux Castors. Il porte bien son nom, car ceux-ci, nombreux dans la région, y construisent et reconstruisent avec leur légendaire et laborieuse obstination, des barrages qui ne sont pas sans causer des problèmes à l'entretien des chemins, menacés par une libération subite des eaux emmagasinées par ces ingénieurs de la forêt.

Une tour à feu domine la montagne. L'accès en est maintenant interdit, vu son état et le danger qu'elle représenterait pour les audacieux qui voudraient en faire l'ascension. Il faut souhaiter qu'un jour se réalise le projet d'édifier une seconde tour accessible aux visiteurs car, de là-haut, le regard porterait sur un vaste territoire, comprenant la vallée de la Gatineau, l'épine dorsale hydrographique de la région.

Selon une croyance algonquine, un animal mi-serpent mi-cheval habiterait le lac Blue Sea. Aussi bénéfique qu'inquiétante, la présence de ce *nettoyeur de l'onde* expliquerait la pureté de ce plan d'eau. Faut-il craindre que, les années passant, le lac perde de sa limpidité ? Peut-être, car on dit que *Misiganebic*, le Grand Serpent, incommodé par l'affluence touristique, aurait quitté les lieux pour aller prendre du service au réservoir Baskatong. Une affaire à suivre pour les dragonologistes.

Comment s'y rendre

?

À partir de Gatineau, on prend la route 105 jusqu'à Gracefield d'où, par le chemin de Blue Sea, on arrive au village. En longeant le lac, côté ouest, jusqu'au chemin du Lac-Long, on aperçoit le chemin de la Tour qui, naturellement, y mène.

1. Un portail écologique. **2.** La tour à feu devenue relique. **3.** Ben oui… **4.** Un belvédère pour se reposer, observer, lire, rêver.

4

LA TOUR DU CHÂTEAU LOGUE

MANIWAKI

1

-LA TOUR DU CHÂTEAU LOGUE-----LA TOUR DU CHÂTEAU LOGUE-----LA TOUR DU CHÂTEAU LOGUE-----LA TOUR DU CHÂTEAU LO

La tour d'observation du Château Logue offre une double contribution à la mémoire des lieux. D'abord, la tour elle-même. Elle rappelle que le Québec a mis sur pied un important réseau de tours à feu à partir de 1910 pour assurer la surveillance de son *or vert*. Jusque vers les années 1960, le réseau comptait non moins de cinq cents tours à feu du haut desquelles les garde-feux, ces vigies de la forêt, se relayaient pour y demeurer des journées entières à l'affût de quelque filet de fumée, annonciateur d'un possible incendie de forêt. La région de Maniwaki, richement boisée, en était particulièrement bien pourvue.

L'endroit se prêtait à la reconstruction d'une de ces tours, maintenant remplacées par des systèmes de télédétection plus sophistiqués, et loge, dans l'édifice voisin aujourd'hui nommé le Château Logue, la Société de protection des forêts contre le feu (SOPFEU). Objets, cartes et textes permettent de comprendre les techniques de protection forestière, domaine dans lequel le Québec a développé une expertise internationalement reconnue. Il s'agit d'un édifice patrimonial de granit ciselé à la main dans le style Second Empire, construit en 1887 par Charles Logue, un immigrant irlandais qui pratiquait le commerce du bois et des fourrures.

Et voici le second aspect qui fait de cet endroit un lieu de mémoire. La communauté algonquine Anishinabeg, forte de quelque deux mille cinq cents âmes, habite depuis plus d'un siècle et demi la réserve indienne de Kitigan Zibi, immédiatement au sud de Maniwaki. Cette communauté a longtemps occupé le territoire, y négociant fourrures et autres denrées, y ensevelissant ses morts. Aujourd'hui, à l'emplacement d'un ancien cimetière, le parc Nagishkodâdiwin, « lieu de rencontre » en algonquin, reconnaît le caractère sacré de cette terre et rend hommage à l'histoire des Algonquins, des Français et des Anglais qui ont développé la région.

Du haut des 122 marches de la nouvelle tour à feu, reconstruite depuis peu, la ville de Maniwaki se présente comme une oasis dans un écrin de verdure, traversée par la rivière Gatineau, au bord de laquelle est aménagé le parc commémoratif.

Comment s'y rendre

?

De Gatineau, la route 105 vous conduit directement à Maniwaki (130 km). À l'entrée de la ville, les rues Notre-Dame et des Oblats mènent à la rue Comeau où est situé le Château Logue. De Montréal, il faut monter jusqu'à Mont-Laurier par la route 117 et redescendre à Maniwaki par la route 105 (275 km).

1, 2. Un parc à la mémoire des Autochtones. **3.** Le château et sa tour.

2

TOUR DU CHÂTEAU LOGUE-----LA TOUR DU CHÂTEAU LOGUE-----LA TOUR DU CHÂTEAU LOGUE-----LA TOUR DU CHÂTEAU LOGU

3

1 2

--LE BELVÉDÈRE CHAMPLAIN-----LE BELVÉDÈRE CHAMPLAIN-----LE BELVÉDÈRE CHAMPLAIN-----LE BELVÉDÈRE CHAMPLAIN

4

3

5

LE BELVÉDÈRE CHAMPLAIN

PARC DE LA GATINEAU

Le parc de la Gatineau est géré par la Commission de la capitale nationale du Canada, un organisme du gouvernement fédéral dont la mission est d'assurer la conservation des richesses naturelles d'un vaste espace, au bénéfice des habitants de la capitale canadienne et de ses environs. Il fait partie de la Région de la capitale nationale du Canada qui couvre plus de cinq mille kilomètres carrés, répartis entre les provinces d'Ontario et de Québec. Il est aujourd'hui question d'en augmenter la superficie.

La création de ce parc avait été recommandée en 1950 par l'urbaniste français Jacques Gréber à qui avait été confiée la conception du plan d'aménagement de la région de la capitale du Canada. Cette suggestion arrivait au moment du décès du premier ministre Mackenzie King qui léguait « aux Canadiens » son domaine, acquis non loin de Hull (aujourd'hui Gatineau). Il y avait aménagé, à partir des ruines d'une vieille demeure victorienne, un décor propice à la méditation et à des pratiques qui lui permettaient de communiquer avec les mânes de sa mère. Le domaine Mackenzie-King vaut une visite ; il est sur la route qui mène aux trois belvédères du parc.

Ce généreux cadeau posthume est à l'origine du parc qui, par agglutinations successives, en est venu à couvrir trente-six mille hectares. Outre les trente-deux kilomètres de « promenades » carrossables pour diplomates pressés, des centaines de kilomètres de sentiers permettent d'apprécier la grande richesse floristique et faunique de ce sanctuaire de conservation de la nature.

La limite sud-ouest du parc suit une coupure du relief qui recèle un grand intérêt : c'est l'escarpement d'Earley qui forme la limite, on ne peut plus nette, entre le Bouclier canadien et les basses terres du Saint-Laurent qui se prolongent assez loin le long de la rivière des Outaouais. Trois belvédères ont été aménagés pour apprécier l'intérêt de ce phénomène : les belvédères *Huron, Étienne-Brûlé* et *Champlain.* De ce dernier, on peut observer, panneaux d'interprétation à l'appui, différents éléments du paysage témoignant des épisodes géomorphologiques qui ont façonné la région depuis les bouleversements tectoniques très anciens jusqu'à l'épisode, récent à l'échelle géologique, de la glaciation. On comprend alors comment a pu se former une falaise aussi loin des mers actuelles.

Devant ces belvédères se déploie le panorama d'une belle campagne linéaire qui fait cortège à la rivière des Outaouais. Trois lieux agréables pour le corps, l'esprit et la rêverie.

?

Comment s'y rendre

À partir de l'entrée du parc sur le boulevard Taché, à Gatineau, puis de l'aire d'accueil de Gatineau, au bout de la rue Gamelin, une agréable route de 15 km vous mène aux trois belvédères.

1, 3. Les ogives qui ont inspiré Mackenzie King. **2.** Le *lac des Chats* n'est pas loin. **4, 5.** Entre l'escarpement d'Earley et la rivière des Outaouais, le lit majeur de celle-ci.

6

LA MONTAGNE DU CALVAIRE

OKA

1

--LA MONTAGNE DU CALVAIRE-----LA MONTAGNE DU CALVAIRE-----LA MONTAGNE DU CALVAIRE-----LA MONTAGNE DU CALVAIRE

Qu'évoque le nom *Oka* à la majorité des Québécois ? Le fromage, bien sûr, mais aussi les trappistes. Ces deux évocations sont intimement liées puisque, il y a plus d'un siècle, un moine originaire de France a proposé à ses supérieurs de fabriquer du fromage pour renflouer les coffres de la communauté, en mal de ressources. Il connaissait la recette secrète du *Port-Salut,* un des nombreux fromages de France, si nombreux d'ailleurs qu'ils ont inspiré cette boutade au général de Gaulle : « Comment voulez-vous gouverner un pays qui a deux cent quarante-six variétés de fromages ? »

Le Québec n'est pas en reste en la matière. Les fromages sont devenus un des fleurons incontestables de la gastronomie québécoise. Mais le fromage d'Oka n'est plus concocté à Oka et les moines ont changé de quartiers généraux. Leur fromage est produit ailleurs, par une entreprise séculière. Oka a donc maintenant d'autres raisons d'attirer les visiteurs.

Le gouvernement du Québec a acheté, en 1962, une partie du domaine de la société immobilière qui l'avait acquise des Sulpiciens, anciens seigneurs de l'endroit, pour en faire un parc national. L'endroit offrait toutes les ressources nécessaires à un tel projet vu la richesse de son patrimoine historique et naturel. Le calvaire d'Oka, avec ses trois chapelles et ses quatre oratoires, remontant à 1742, constitue un ensemble qui, à lui seul, récompense largement la facile ascension de la colline qu'il occupe.

La richesse historique et sociologique du calvaire d'Oka, aménagé dès le milieu du XVIIIe siècle, nous a amenés à intégrer ce site dans notre ouvrage *Le Québec, 50 sites incontournables,* publié aux Éditions de l'Homme. Il s'agit sans doute d'un des fleurons de notre patrimoine religieux les plus populaires. Les sept édifices qui le composent ont été décorés de scènes représentant la Passion du Christ. Heureusement, on a pu conserver ailleurs la fidèle reproduction de ce qui restait des fresques de ces oratoires après que de sinistres individus les eurent vandalisées.

Mais le belvédère que constitue ce site offre plus encore. Il permet d'observer plusieurs des éléments qui font l'intérêt du parc. La vue s'ouvre sur le lac des Deux Montagnes, les reliefs environnants et jusqu'aux Adirondacks. On constatera aussi que les milieux humides, notamment la Grande Baie et son marais de même que la rivière aux Serpents, accueillent un grand nombre d'oiseaux migrateurs, dont le héron.

?

Comment s'y rendre

En provenance de Montréal par la route 344, juste avant le village, une route sur la droite mène à un stationnement, d'où part le sentier menant au belvédère.

1, 2. Vers les oratoires. **3, 4.** Les collines d'Oka, aussi sages que la rivière des Outaouais.

2

3

4

1

LE BELVÉDÈRE DU PARC SUMMIT-----LE BELVÉDÈRE DU PARC SUMMIT-----LE BELVÉDÈRE DU PARC SUMMIT-----LE BELVÉDEF

3

2

LE BELVÉDÈRE DU PARC SUMMIT

WESTMOUNT

La plupart des municipalités de l'île de Montréal ont leur portion de campagne où la végétation permet aux citoyens, de même qu'à la faune ailée, de retrouver le calme qui a depuis longtemps déserté les rues des quartiers achalandés. La Ville de Westmount a aménagé, sur le versant ouest du mont Royal, un parc boisé de vingt-trois hectares qui a tenu la promesse de ses fondateurs en attirant en son sein plus de cent cinquante espèces d'oiseaux. Plusieurs ornithologues considèrent cet espace comme l'un des meilleurs postes d'observation des oiseaux de l'est du pays en milieu urbain. D'aucuns reconnaissent d'ailleurs au parc Summit les qualités d'une mini réserve de la biosphère, car une flore intéressante décore les lieux, tout particulièrement au printemps.

Comme complément à cette vocation botanique, la Ville de Westmount a aménagé en contrebas une promenade d'observation des végétaux comportant des agencements floraux et arbustifs ; c'est le parc Sunnyside, animé d'aires de jeux. Les citoyens de l'endroit sont conscients de la valeur de cette oasis de paix et le manifestent chaque fois que résonnent débroussailleuses et tronçonneuses, ne serait-ce que pour l'entretien paysager.

Le parc Summit est le plus vaste parc de Westmount. Il est ceinturé par la rue Summit Circle dont l'observatoire prolonge vers l'ouest le panorama présenté par le belvédère Kondiaronk. On observe de là que le centre-ville n'a pas l'exclusivité des édifices verticaux. Vers le sud, le regard porte très loin sur la plaine. Les Montérégiennes et les montagnes au sud de la frontière y sont bien visibles par beau temps. Des flèches de bronze incrustées dans le parapet pointent vers les reliefs lointains ou les édifices phares du centre-ville. On y lit : *Adirondak Mts.*, *Green Mountains*, *Sun Life Building*...

Mieux que partout ailleurs, vous pourrez, de là, jouir de flamboyants couchers de soleil.

?

Comment s'y rendre

À partir du chemin de la Côte-des-Neiges, le chemin du Belvédère mène au chemin Summit qui mène au Summit Circle ; à 200 m vers la gauche se trouve le belvédère.

1. *Southward.* **2, 3.** Le Montréal vertical s'étend maintenant vers l'ouest.

8

LE BELVÉDÈRE KONDIARONK

PARC DU MONT-ROYAL

1

-LE BELVÉDÈRE KONDIARONK-----LE BELVÉDÈRE KONDIARONK-----LE BELVÉDÈRE KONDIARONK-----LE BELVÉDÈRE KONDIA

Si, par réincarnation, le chef huron Kondiaronk revenait sur la montagne d'où il avait sûrement contemplé les terres de sa nation, il n'en croirait pas ses yeux. Mais il se dirait peut-être qu'il y a été pour quelque chose, se rappelant qu'il fut l'artisan de la *Grande Paix de Montréal*, signée le 4 août 1701, malheureusement quelques jours avant sa mort. En véritable diplomate, et en allié indéfectible des Français, il avait réussi à concilier les intérêts de ceux-ci avec ceux des Iroquois, mission difficile on le devine. Son surnom, *Le Rat,* n'avait rien de péjoratif ; il soulignait au contraire sa grande habileté. Il était donc juste que le belvédère d'où l'on peut observer la ville qu'est devenue l'ancienne bourgade d'Hochelaga porte son nom, ce qui fut fait en 1998.

Le mont Royal est un des poumons de Montréal. Pour sa plus grande partie, il est occupé par le parc dessiné en 1872 par Frederic Law Olmsted, architecte de Central Park à New York. Le parc du Mont-Royal est considéré comme la plus ancienne aire protégée du Québec.

Hiver comme été, il permet aux Montréalais de quitter l'asphalte et le béton, le temps de goûter les joies de *la campagne en ville*. Outre les nombreux sentiers qui sillonnent *la montagne* (c'est ainsi qu'à Montréal on appelle le mont Royal) et le lac des Castors qui s'offre aux *hydropédaleurs* l'été et aux patineurs l'hiver, le parc offre des points de vue intéressants sur la ville.

Jacques Cartier, dans sa *Relation* de 1535-1536, en baptisant la montagne, avait déjà noté sa vocation de belvédère ; il parlait d'une « *montaigne [...] de dessus laquelle on veoyt fort loin* ». C'est en 1906 que l'administration municipale décide d'offrir aux promeneurs du parc la possibilité d'admirer leur ville d'en haut. En 1932, un belvédère est aménagé, près duquel l'architecte Aristide Beaugrand-Champagne construira le *Chalet de la Montagne.* Depuis la terrasse qui s'étend à ses pieds, on peut voir les principaux gratte-ciel du centre-ville et s'amuser à les identifier. On réalise alors la variété des formes que les architectes ont données à leurs œuvres : plan carré, rectangulaire, circulaire, cruciforme, ou encore sommet plat, pointu, pyramidal et même bicéphale. De quoi briser quelque peu la monotonie propre aux centres-villes verticaux.

?

Comment s'y rendre

En automobile, on peut accéder au belvédère Kondiaronk à partir du chemin de la Côte-des-Neiges par le chemin Remembrance ou, à partir de l'avenue du Mont-Royal, par la voie Camilien-Houde. Au sommet, une bretelle mène au Chalet de la Montagne et au belvédère. On peut aussi y parvenir à pied par un escalier de quelque 250 marches qui part de la rue Peel et mène directement au belvédère.

1, 2. Devant le Chalet de la Montagne.
3. Le Montréal vertical, né il y a 50 ans.

2

-LE BELVÉDÈRE KONDIARONK-----LE BELVÉDÈRE KONDIARONK-----LE BELVÉDÈRE KONDIARONK-----LE BELVÉDÈRE KONDIAR

3

1

2

L'OBSERVATOIRE DE LA TOUR DE MONTRÉAL-----L'OBSERVATOIRE DE LA TOUR DE MONTRÉAL-----L'OBSERVATOIRE DE LA TOUR D

4

L'OBSERVATOIRE DE LA TOUR DE MONTRÉAL

PARC OLYMPIQUE

La tour de Pise, qui penche d'un bon cinq degrés, tient le coup. Mais que dire de la tour du Stade olympique de Montréal qui fait un angle de quarante-cinq degrés ? Malgré la forme et la structure fort audacieuses de cette tour oblique, il n'y a rien à craindre car, contrairement à la tour penchée de Pise, tout a été prévu pour garantir que celle de Montréal conserve longtemps son angle. Ses quelque soixante-dix mille mètres cubes de béton précontraint et ses mille kilomètres de câbles d'acier ont été agencés de façon ingénieuse pour que la dizaine de milliers d'éléments préfabriqués qui la composent soient d'une solidité à toute épreuve. Il n'étonnera personne que le coût de sa construction se soit élevé à un milliard de dollars.

L'innovation technologique et l'esthétique s'y sont heureusement coordonnées pour créer la plus haute tour inclinée du monde. Elle rivalise de popularité avec quelques autres hautes tours du monde, notamment celles de Toronto, New York, Moscou, Dubaï et Kuala Lumpur, toutes bien droites et membres, comme celle de Montréal, de la *Fédération des grandes tours du monde*. La visite de la tour se justifie par l'intérêt de cette réussite architecturale ; des guides vous donneront la liste des innovations technologiques qui s'y concentrent. Une œuvre de l'artiste montréalaise Michèle Lapointe intitulée « Vol de Rêve » vous intéressera aussi ; il s'agit d'une murale en verre, gravée au jet de sable et installée à la gare du funiculaire.

En deux minutes, celui-ci vous amènera à une hauteur de 175 mètres après un parcours qui a la particularité tout à fait unique de décrire une courbe, à la manière de l'envol d'un avion. Mais rien à craindre : grâce à un système hydraulique sophistiqué, la cabine garde toujours sa position verticale. Elle permet, grâce à ses baies vitrées, de prendre progressivement la mesure de l'altitude et de découvrir un panorama de plus en plus vaste sur Montréal.

Aux étages supérieurs de la tour, l'observatoire offre une vue aérienne de la ville et d'une grande partie de l'île de Montréal ainsi que des abords de la métropole jusqu'à 80 kilomètres à la ronde, par temps clair bien sûr. En fond de scène, les Laurentides au nord et les Appalaches au sud ferment l'horizon ; ils sont pourtant distants de près de 150 kilomètres, car c'est à Montréal que la plaine du Saint-Laurent, insérée entre ses deux contreforts, est la plus large.

1. Un peu d'Asie à Montréal, au Jardin botanique. **2, 5.** Une publicité qui tient sa promesse. **3.** Montréal, ville olympique. **4, 6.** Un hommage architectural à la ligne courbe.

5

L'OBSERVATOIRE DE LA TOUR DE MONTRÉAL-----L'OBSERVATOIRE DE LA TOUR DE MONTRÉAL-----L'OBSERVATOIRE DE LA TOUR D

De là-haut, à peu près toutes les composantes de la ville sont visibles, tant dans les larges panoramas qui s'étirent tout autour de l'observatoire que dans le détail que permettent d'observer les télescopes installés de tous les côtés. Les différences morphologiques entre les quartiers apparaissent clairement : le centre-ville avec ses gratte-ciel fait contraste, par sa verticalité, avec les secteurs résidentiels caractérisés par un damier de rues parallèles et transversales où domine la dimension horizontale. Les fonctions des quartiers apparaissent aussi à l'œil nu : le centre des affaires, les zones résidentielles, les secteurs industriels, les équipements portuaires. Les Montréalais qui ont la carte de leur ville bien présente dans leur tête auront sans doute plaisir à identifier les axes qui traversent ces différents quartiers, de même que les ponts qui unissent la ville à la rive sud.

En contrebas, les installations olympiques, réalisées à l'occasion de la tenue des Jeux olympiques à Montréal en 1976, entourent l'observatoire. Ce complexe dédié au sport et à l'olympisme a intégré des éléments préexistants, tels le Centre Pierre-Charbonneau et l'aréna Maurice-Richard. On y a ajouté, outre piscines, vélodrome et terrains de jeu, une œuvre architecturale dont on découvre l'élégance du haut de la tour : le Village olympique constitué de deux immeubles de dix-neuf étages, de forme pyramidale, abrite près de mille logements dont plusieurs sont munis de terrasses.

En plus de visualiser plusieurs éléments de la géographie économique et sociale de la ville, l'Observatoire de la Tour de Montréal offre l'occasion de se remémorer un des grands évènements qui ont ponctué l'histoire de la ville et celle de l'olympisme. Quatre-vingt-douze représentations nationales ont participé aux Jeux de Montréal, mais, parmi les pays africains, seuls le Sénégal et la Côte d'Ivoire ont concouru activement, vingt-huit autres ayant boycotté l'événement pour des raisons géopolitiques. Le Canada avait récolté un total de onze médailles, se plaçant ainsi au treizième rang.

À l'heure où, au Québec, on redécouvre l'œuvre du pianiste-compositeur André Mathieu, il est intéressant de rappeler qu'il fut l'auteur de la musique des jeux de 1976.

?

Comment s'y rendre

C'est facile : on la voit de partout. On s'y rend en automobile par la rue Sherbrooke, à l'est du boulevard Pie-IX, ou par le métro, station Pie-IX.

5. En bas la ville, sur 360°.

6

10

LE MONT SAINT-GRÉGOIRE

MONT-SAINT-GRÉGOIRE

1

Le mont Saint-Grégoire, situé dans la municipalité du même nom, est sans doute la plus accessible des neuf collines montérégiennes qui ponctuent les basses terres du Saint-Laurent. Non loin de Montréal (à peine quarante kilomètres), elle est facile à gravir et peut accueillir sans problème des familles avec de jeunes enfants.

Les parents auront l'occasion d'expliquer aux petits ce qu'on découvre du sommet. *Quelles sont ces montagnes isolées au milieu de la plaine ? Comment s'appellent-elles ? Pourquoi percent-elles la plaine ainsi ? Comment sont-elles apparues ? S'agit-il de volcans éteints ? Quelles espèces d'oiseaux nichent dans leurs parois rocheuses ?* Pour vous préparer à répondre à ces questions, les panneaux d'interprétation du CIME (Centre d'interprétation du milieu écologique du Haut-Richelieu) vous fourniront des réponses à plusieurs d'entre elles.

Du haut de ses modestes 250 mètres, cette petite montagne de granit est bien placée pour offrir, vers le nord-est, une vue dégagée sur l'alignement de toutes les Montérégiennes, à l'exception de ses extrémités que sont la colline d'Oka et le mont Mégantic. Par temps clair, on peut même apercevoir les Adirondacks et les montagnes du Vermont. Tous ces sommets sont identifiés sur des panneaux paysagers.

Le mont Saint-Grégoire et ses alentours ont beaucoup à offrir en toute saison. L'été : le paysage géométrique de la plaine, avec son alternance de champs et de « bois debout », et le treillis régulier du cadastre. L'automne : le coloris propre aux boisés bien fournis en érables et la récolte de pommes dans les vergers environnants. L'hiver : des sentiers faciles, de un kilomètre et demi à trois kilomètres, invitent les raquetteurs. Le printemps : les érablières, situées à l'ouest, font la joie des amateurs de parties de sucre.

La Fondation Hydro-Québec a financé l'installation de panneaux à caractère éducatif, dont un à l'accueil sur la vocation de conservation du lieu et un autre sur les oiseaux qui fréquentent les parois rocheuses.

?

Comment s'y rendre

À partir des autoroutes 10 ou 20, suivre la route 227 vers le sud jusqu'au rang de la Montagne. Celui-ci vous mène, après 4 km, au chemin du Sous-Bois. Le sentier commence à 1 km de la fourche.

1. L'escalier secret vers le sommet. 2. Le mont Saint-Grégoire, une île dans la plaine. 3. Pour comprendre ce que l'on voit.

2

NT-GRÉGOIRE-----LE MONT SAINT-GRÉGOIRE-----LE MONT SAINT-GRÉGOIRE-----LE MONT SAINT-GRÉGOIRE-----LE MONT SAINT-G

3

1

-LE PAIN DE SUCRE-----LE PAIN DE SUCRE-----LE PAIN DE SUCRE-----LE PAIN DE SUCRE-----LE PAIN DE SUCRE-----LE PAIN DE S

3

2

11

LE PAIN DE SUCRE

MONT-SAINT-HILAIRE

LE PAIN DE SUCRE-----LE PAIN DE SUCRE-----LE PAIN DE SUCRE-----LE PAIN DE SUCRE-----LE PAIN DE SUCRE-----LE PAIN DE S

Dévotion, science, art et loisirs se sont donné rendez-vous au sommet du mont Saint-Hilaire, l'une des neuf collines montérégiennes qui surgissent de la plaine du Saint-Laurent. Autrefois couronnée d'une croix à laquelle aboutissait un chemin de croix, cette montagne a inspiré plusieurs artistes : à la suite du peintre militaire Philip John Bainbridge, Ozias Leduc (qui s'est consacré à la protection de la montagne), Paul-Émile Borduas et Jordi Bonet ont souvent représenté la montagne dans leurs œuvres. Aujourd'hui, des panneaux y font référence sur la montagne même.

Le frère Marie-Victorin s'est intéressé à la flore du mont Saint-Hilaire et s'en faisait le thuriféraire ; il souhaitait voir les lieux protégés de toute dégradation. Grâce au richissime brigadier Gault, qui possédait la plus grande partie de la montagne, celle-ci a été épargnée des assauts de la prospection, de l'exploitation végétale et minérale de même que de la spéculation foncière. Il a eu en effet l'excellente idée, en 1958, de léguer son domaine à l'Université McGill pour qu'elle en fasse une aire protégée destinée à la recherche scientifique.

Depuis lors, le territoire du Centre de la nature Mont Saint-Hilaire est consacré à la protection de l'environnement, à la recherche scientifique, à l'éducation et aux loisirs. Tous les éléments qui composent la richesse naturelle du lieu (minéralogie, géologie, botanique, zoologie) y sont étudiés. Les résultats de ces recherches ont été publiés dans plus d'un demi-millier d'articles et d'ouvrages. Le pavillon d'accueil rend compte de cette activité admirable qui justifie que l'UNESCO ait fait du mont Saint-Hilaire la première *réserve de la biosphère* au Canada.

L'altitude du Pain de Sucre (415 mètres) permet de bien voir, vers l'ouest, le mont Royal, le Stade olympique et les gratte-ciel de Montréal et, vers le sud-ouest, la chaîne des Adirondacks. Trois autres points d'observation complètent la visite. La falaise de Dieppe fait face au Richelieu, dont les surnoms, la Vallée des Forts et la Vallée-jardin, traduisent son importance historique et géographique. Un sommet localement nommé Rocky permet d'apprécier l'importance de l'agriculture et la régularité du cadastre de la plaine. Enfin, la colline Brûlée apporte une précision : l'abondance de vergers qui ornent les flancs de la montagne.

Comment s'y rendre

À partir d'Otterburn Park, le chemin de la Montagne, puis le chemin des Moulins et la rue McGill vous mènent au Centre de la Nature Mont Saint-Hilaire. De là, un sentier de 2,5 km vous mène au Pain de Sucre.

1. Sommet rocheux… 2, 3. …versants boisés, c'est presque la règle. 4. Aux premières loges d'un théâtre naturel.

12

LE BELVÉDÈRE DE L'ANSE-DU-PORT

NICOLET

1

LE BELVÉDÈRE DE L'ANSE-DU-PORT-----LE BELVÉDÈRE DE L'ANSE-DU-PORT-----LE BELVÉDÈRE DE L'ANSE-DU-PORT-----LE BEL

Le kilomètre et demi de randonnée pédestre qu'offre la réserve écologique de l'Anse-du-Port illustre de multiples façons que le *spectaculaire* n'est pas l'unique ingrédient qui puisse garantir l'intérêt d'un belvédère. Situé à Nicolet, sur les rives du Saint-Laurent et du lac Saint-Pierre, ce parc ne peut laisser indifférents les amants de la nature, de l'ornithologie et du charme particulier des zones humides. Peintres et photographes pourront aussi, en fin de journée, exprimer leur sensibilité, à travers leurs prismes respectifs, devant le spectacle du soleil de feu se noyant dans le lac Saint-Pierre.

À condition d'être attentifs à la belle originalité du lieu, tous auront plaisir à arpenter les passerelles de bois installées au-dessus de la zone inondable, à traverser un marais et une forêt d'érables argentés (dits aussi *plaines blanches*) dans un écosystème forestier que favorisent les basses plaines humides des abords du lac Saint-Pierre. Pour apprécier la couleur de cet arbre, il faut voir la feuille à l'envers – *honni soit qui mal y pense* – ou compter sur le vent. L'automne, l'érable argenté imite ses frères d'espèce et se pare des couleurs de l'arrière-saison.

Un sentier sur pilotis d'environ 230 mètres mène à une tour d'observation de plus de 12 mètres de hauteur, devant laquelle se déploie le lac Saint-Pierre. Un second sentier de plus de 820 mètres de longueur, également aménagé sur pilotis, permet d'atteindre les rives du fleuve. Des panneaux d'interprétation décrivent la faune et la flore des écosystèmes présents.

Le parc de l'Anse-du-Port est ouvert en toute saison et permet de découvrir les visages changeants de cette autre *Petite Louisiane du Québec,* en écho aux paysages de bayous des Cent-Îles du lac Saint-Pierre. Les inondations du printemps, les couleurs de l'automne et la presque immobile blancheur de l'hiver (car les glaces escortent les bateaux) apportent une variété qui rivalise avec celle des innombrables espèces d'oiseaux faisant du parc une vaste volière à ciel ouvert. À cet égard, l'ouïe sera aussi récompensée que la vue à la saison chaude, mais aussi aux saisons de transition lors de l'escale des oiseaux migrateurs. Tous les sens sont conviés au banquet des zones humides, y compris le toucher, car, après la pluie, les moustiques vous rendront visite. Mais, les libellules sont là pour compenser.

Comment s'y rendre

?

Non loin du centre de Nicolet, la réserve de l'Anse-du-Port est située près de l'angle de rencontre du chemin du Fleuve Ouest et du rang de la Rivière, deux noms qui traduisent bien l'emplacement du parc à la confluence du Saint-Laurent et de la rivière Nicolet.

1, 2. Terre et mer se marient pour former ces précieuses *terres humides.* **3.** La sérénité des paysages horizontaux. **4, 5.** Tunnel vert, horizon bleu.

2

DE L'ANSE-DU-PORT-----LE BELVÉDÈRE DE L'ANSE-DU-PORT-----LE BELVÉDÈRE DE L'ANSE-DU-PORT-----LE BELVÉDÈRE DE L'AN

3

LA MONTAGNE DU DIABLE-----LA MONTAGNE DU CALVAIRE-----LA MONTAGNE D'ARGENT-----LA MONTAGNE DU CARIBOU-----LE

TAGNE COUPÉE-----LA MONTAGNE DU CALVAIRE-----LA TOUR D'OBSERVATION DE LA CITÉ DE L'ÉNERGIE-----LE BELVÉDÈRE DE L

EMBLANT-----LE BELVÉDÈRE DU SENTIER DE LA CORNICHE-----LE BELVÉDÈRE DU SENTIER L'ENVOL-----LA MONTAGNE NOIRE-

LES LAURENTIDES

PINS-----LE BELVÉDÈRE DE LA PETITE RIVIÈRE BOSTONNAIS-----LA MONTAGNE DU DIABLE-----LA MONTAGNE DU CALVAIRE----T

Le toponyme Laurentides évoque, pour tous les Québécois, une région de lacs et de montagnes particulièrement propice à la villégiature. Cette perception correspond à une bonne partie de la réalité, mais à une partie seulement. En effet, la région des Laurentides a d'autres visages dont les belvédères permettent d'apprécier les traits.

Examinons ces traits. Les témoins de l'histoire géomorphologique abondent en cette contrée de plateaux burinés jadis par rivières et glaciers, et recouverts aujourd'hui de vastes forêts abritant une faune particulièrement riche qui fait la convoitise des chasseurs. Et il est réconfortant de constater qu'ils ne sont pas les seuls à s'intéresser à la préservation des espèces et de leur habitat. Dans tous les cas, la libre circulation des bêtes exige des humains silence et patience.

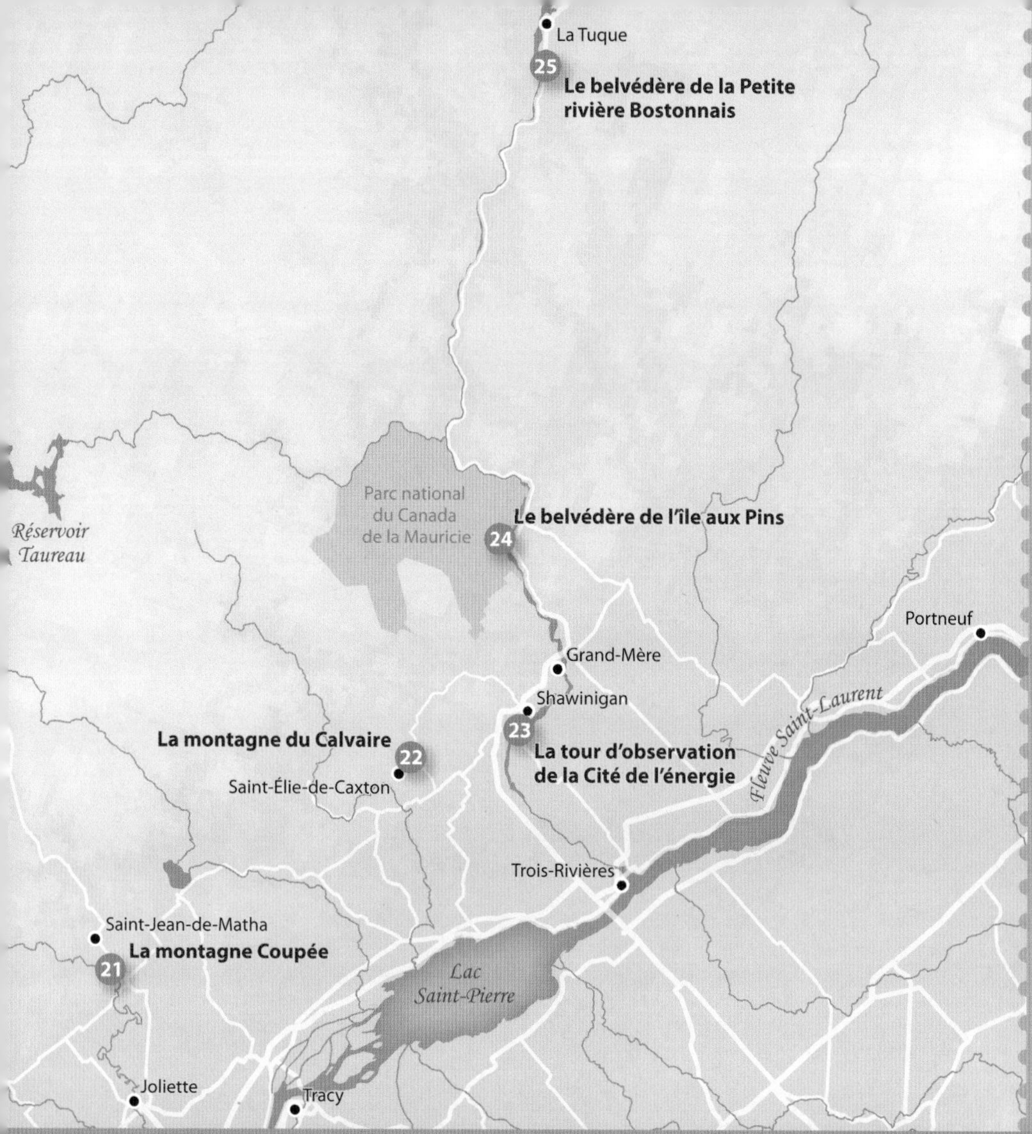

La flore de la région a aussi beaucoup à nous apprendre, même si on ne lui porte pas toujours l'attention qu'elle mérite. Elle est pourtant révélatrice de divers phénomènes naturels, tels les climats actuels et passés, la nature et la qualité des sols, la ressource qu'elle représente ou l'exploitation qu'en ont faite les hommes. Cheminer par les sentiers des parcs de la région permettra de constater aisément cette richesse.

Enfin, l'histoire de la région des Laurentides s'est construite au rythme de projets, d'aménagements et d'événements qui ont contribué à doter chaque coin du territoire de particularités qui en font des pays différents. Chacun de ces « pays » a ses récits, sa mémoire, sa fierté. De nombreux belvédères vous le révéleront, au-delà du dénominateur commun de leurs paysages que constituent les lacs et les montagnes.

Les panoramas des Laurentides ont la virile splendeur des paysages qui ont inspiré Gaston Miron, le plus grand poète engagé du Québec.

13

LA MONTAGNE DU DIABLE

FERME-NEUVE

1

-LA MONTAGNE DU DIABLE-----LA MONTAGNE DU DIABLE-----LA MONTAGNE DU DIABLE-----LA MONTAGNE DU DIABLE-----LA M

Le petit catéchisme autrefois enseigné aux enfants était fait de questions et réponses. On y lisait entre autres : – *Où est Dieu ? – Dieu est partout. – Si Dieu est partout, pourquoi ne le voyons-nous pas ? Non, parce qu'il est pur Esprit.* Quand on voit que le territoire québécois ne compte pas moins de cent vingt toponymes comportant le mot *diable*, on est en droit de penser que, comme Dieu, Satan est partout ou presque. Mais, est-il aussi pur esprit ? Dans le célèbre conte de Philippe Aubert de Gaspé, *Rose Latulipe* nous permet d'en douter : elle aurait dansé avec lui.

On dit que ce sont les Européens qui ont enseigné aux Indiens l'existence du Diable et, par conséquent, du péché. Mais attention : Windigo rôdait dans le pays bien avant que Jacques Cartier ne plante sa croix à Gaspé. Qui était ce Windigo dont on retrouve plusieurs fois le nom dans les Laurentides ? Un *bon* ou un *mauvais diable* ? Apparemment, l'un ou l'autre, selon les circonstances. N'est-il pas étrange que, dans les deux cultures pourtant si différentes, un *génie* puisse être tantôt bon, tantôt méchant ? Nous avons là une belle illustration de la relativité des choses, de la subjectivité du réel et de l'existence de croyances universelles concernant le monde surnaturel.

Trêve de philosophie, jugeons les êtres à leurs œuvres. Parlant du Diable, disons plutôt manœuvres. Car, on le sait, le Malin porte bien son nom : il a bien des tours dans son sac. Comme celui de donner aux lieux qu'il fréquente une aura de mystère. Pour arriver à ses fins et ainsi agir sans être vu, il n'est pas rare qu'il enveloppe de nuages et de brumes les endroits qu'il veut soumettre à son emprise.

La fréquentation de la montagne du Diable, officiellement désignée sous le nom de *mont Sir-Wilfrid* (est-ce par délicatesse que *Laurier* est absent du nom ?), nous aura appris que la nature semble en cet endroit bel et bien obéir aux diktats de Satan. La région environnante n'est-elle pas connue pour la fréquence de ses brumes ? Mais n'ayez crainte, le Diable ne se montre pas... en tous cas, rarement. N'hésitez pas à gravir les 550 mètres de dénivelé menant au sommet de cette montagne qui domine toute la région du haut de ses 780 mètres d'altitude. De là, la vue est grandiose, parfois inquiétante lorsque les eaux du réservoir Baskatong et le ciel se confondent dans un même brouillard. Imaginez tous les animaux qui habitent les quelque mille kilomètres carrés qui se déploient autour de vous ! Parmi les orignaux, chevreuils, ours, loups et renards qui hantent les lieux, y en aurait-il à la solde de Windigo ? Soyez prudents !

?

Comment s'y rendre

De Mont-Laurier, la route 309 mène à Ferme-Neuve d'où vous prenez le chemin Baskatong. Arrivés au *Départ Walker*, un sentier d'environ 4 km mène au sommet de la montagne.

1. Regard vers les brumes du nord. **2.** Tout près, la chute du Windigo, une glissoire naturelle. **3.** Le sinueux lac Windigo porte bien son nom.

2

3

1

LA MONTAGNE DU CALVAIRE

LA MONTAGNE DU CALVAIRE
LA MONTAGNE DU CALVAIRE
LA MONTAGNE DU CALVAIRE

3

14

LA MONTAGNE DU CALVAIRE
HUBERDEAU

Non, vous n'avez pas voyagé dans le temps pour atterrir sur le Golgotha et assister à la crucifixion du Christ. Vous êtes sur une colline haute d'une soixantaine de mètres, dominant un petit village blotti au creux d'une de ces paisibles vallées des Laurentides, loin de la turbulence des centres sportifs du nord de Montréal. Huberdeau est situé sur la rivière Rouge, le long de laquelle, à la fin de XIXe siècle, le curé Labelle – ce grand promoteur des Pays-d'en-Haut – a semé villages et paroisses dans une région qui jusqu'alors avait surtout été utilisée comme réserve forestière.

Les quelque mille habitants d'Huberdeau s'enorgueillissent avec raison de leur calvaire parmi les plus beaux du Québec. Pas moins de vingt-sept personnages en fonte plaquée de bronze faisant deux mètres de haut y sont représentés. Chaque premier dimanche d'août, à la fête du Calvaire, une messe y est célébrée.

Le belvédère offre un large panorama de croupes arrondies et boisées, typique des Hautes-Laurentides, où se lovent le village et ses espaces champêtres. Au loin, on devine le mont Tremblant. Dans la vallée, la rivière Rouge. Jadis territoire de chasse et de pêche des Algonquins, elle a été fréquentée par les trappeurs et les commerçants de fourrures avant de voir arriver de valeureux défricheurs. Encouragés par le curé Labelle, ces derniers ont remonté la rivière pour aller *faire de la terre* et s'y établir.

Ceux qu'habite encore la ferveur religieuse pourront, par un autre chemin, gravir la montagne à pied en empruntant le chemin de croix et se recueillir devant les stations qui le jalonnent. Chaque année, les croyants sont encore nombreux à le faire.

?

Comment s'y rendre

On arrive à Huberdeau par la route 364 au départ de Saint-Sauveur-des-Monts ou par la route 327 au départ de Saint-Jovite. Du centre du village, à quelques dizaines de mètres au nord de l'église, la rue du Calvaire mène, bien sûr, au calvaire. Pour plus d'indulgences, empruntez l'escalier.

1. Au pied de la croix, le collège. **2.** La mise au tombeau. **3.** Quelques-uns des 27 personnages du calvaire. **4.** Pour dire la messe devant l'œuvre du Créateur.

15

LA MONTAGNE D'ARGENT

LA CONCEPTION

1

-LA MONTAGNE D'ARGENT----LA MONTAGNE D'ARGENT-----LA MONTAGNE D'ARGENT-----LA MONTAGNE D'ARGENT-----LA MONTA

Le *Parc d'escalade et de randonnée de la Montagne-d'Argent*, comme son nom l'indique, offre deux activités de registres fort différents. L'une demande préparation, habileté et une bonne technique ; l'autre, seulement une disposition à apprécier la qualité des paysages. Grâce à sa forme asymétrique, la montagne d'Argent a le double avantage d'offrir des parois d'escalade de configurations et de niveaux de difficulté variés en même temps qu'un versant plus doux ouvrant sur un paysage paisible et harmonieux.

Tout près du stationnement situé sur la route de la Montagne-d'Argent, un sentier donne un accès immédiat à non moins de quinze parois d'escalade aux noms aussi originaux qu'évocateurs : *Hippocampe, L'Antre du dragon, Les Trois mousquetaires, La Boîte à surprise*... Selon leur niveau de compétence, les alpinistes, apprentis ou chevronnés, trouveront de quoi tester ou affiner leurs techniques d'escalade. La montagne offre une brochette d'activités : l'escalade de rocher, l'escalade de glace, mais aussi la randonnée pédestre, la randonnée à raquette, le ski de randonnée hors piste et même le parapente.

En contournant les parois d'escalade, des sentiers, également de difficulté graduée, mènent à plusieurs belvédères. S'il reste peu contrasté de par son relief, le paysage qu'on y découvre offre à l'automne une symphonie de couleurs peu commune, qui va de pair avec la variété des espèces végétales présentes dans ce secteur. Dans cette région, feuillus et conifères se fondent dans une cohabitation très serrée, intime si l'on peut dire, de sorte que la diversité des coloris qu'ils exhibent à l'arrière-saison est d'une richesse peu commune.

D'ailleurs, d'où vient le nom de la montagne ? Pas de sa couleur. En la nommant ainsi, on s'est plutôt référé à ce que rapportait, au moment de la crise économique des années 1930, la vente des bleuets qui, comme par magie, avaient proliféré sur ses pentes à la suite d'un immense incendie. À quelque chose malheur est bon, dit-on. Si aujourd'hui les bleuets ne font plus recette, la montagne attire toujours.

Comment s'y rendre

?

La route 117, qui fait suite à l'autoroute 15, croise, 3 km après Saint-Jovite, la route de la Montagne-d'Argent. À 3 km, vous arrivez à l'entrée du parc. On vous y indiquera les différents sentiers qui s'offrent à vous. Cinq kilomètres de marche vous séparent du belvédère le plus intéressant.

1. La vallée de la rivière Rouge, une poussée agricole vers le nord. 2. Des pierres aux teintes d'argent. 3. Et, à l'automne, le reste de l'arc-en-ciel. 4. L'autoroute des Laurentides y mène.

GENT-----LA MONTAGNE D'ARGENT-----LA MONTAGNE D'ARGENT-----LA MONTAGNE D'ARGENT-----LA MONTAGNE D'ARGENT-----L

1

-LE MONTAGNE DU CARIBOU-----LE MONTAGNE DU CARIBOU-----LE MONTAGNE DU CARIBOU-----LE MONTAGNE DU CARIBOU----

3

16

LA MONTAGNE DU CARIBOU

LABELLE

Découvrir, au sommet d'une montagne, un bloc de pierre pesant bien dix mille kilos, et sans doute davantage, ne manque pas d'étonner. De deux choses l'une. Ou bien le géant qui a creusé le Saint-Maurice et le Saint-Laurent a échappé là un caillou de sa besace, ou bien on est devant le fait de dame Nature elle-même, par l'un de ces procédés dont elle seule avait le secret jusqu'à ce que les géographes découvrent ses « trucs ». Sans discréditer d'aucune manière la légende amérindienne, optons pour la seconde explication.

On sait que la totalité du territoire québécois a été recouverte d'un glacier de dimensions continentales qui a transporté, dans sa lente marche vers le sud, des matériaux rocheux arrachés aux aspérités du Bouclier canadien. Au moment de sa mort lente, la fonte du glacier a laissé, là où ils se trouvaient, des blocs rocheux, parfois immenses, que l'on appelle *blocs erratiques*. Celui de la montagne du Caribou en est un des plus impressionnants exemples.

Il mérite qu'on aille le saluer, car le mont partiellement chauve sur lequel ce monument naturel a été abandonné avoisine, à 250 mètres, un belvédère qui, du haut de ses 440 mètres, offre un panorama complet qui a valu à la montagne le surnom de *Pic 360*. Où que l'on regarde, une mer houleuse de moyennes montagnes emplissent l'horizon. Et dire que c'est dans cette forêt et ces montagnes que le curé Labelle a mobilisé ses compagnons d'armes et de charrue pour venir *faire de la terre* !

Autant attendre l'automne pour gravir le pic, haut de 140 mètres, et aller contempler le paysage environnant ; ses qualificatifs sont alors multipliés tant les couleurs qui l'enjolivent sont nombreuses. Les teintes des feuilles qui vont du vert au rouge, en passant par le jaune et l'orangé sont en quelque sorte mises en valeur par le bleu profond des *yeux de la terre* que sont les lacs Joly, Nantel et Étoile, situés en contrebas. Au loin, on devine le profil du mont Tremblant.

Comment s'y rendre

À Labelle, à partir du chemin du Moulin, prendre le chemin du Lac-Joly sur environ 1 km, puis le chemin du Lac-Caribou. Le sentier du Pic 360 part près du stationnement non loin du lac. On peut aussi s'y rendre à pied à partir de Labelle (12 km) : l'itinéraire est indiqué au stationnement de la gare.

1. Vers Labelle, en contrebas. 2. Un bloc apporté par le glacier. 3. Le Petit lac Caribou ; mais qui donc y a vu un caribou ?

17

par le téléférique

à pied

1

LE MONT TREMBLANT

STATION MONT-TREMBLANT

-LE MONT TREMBLANT-----LE MONT TREMBLANT-----LE MONT TREMBLANT-----LE MONT TREMBLANT-----LE MONT TREMBLAN

Il y a des montagnes que l'on gravit juste pour le plaisir d'en redescendre le plus vite possible. C'est la logique du ski alpin. Cela dit, c'est un sport qui fait bon ménage avec la nature et la découverte de ses attraits. La plupart des centres de ski offrent à leur clientèle des décors particulièrement plaisants pour le pratiquer.

Certains diront que la belle authenticité des lieux paie un lourd tribut aux aménagements touristiques et sportifs qui ont doté le centre de ski du mont Tremblant d'un décor luxueux, quoique un tantinet carton-pâte. Mais service oblige ! Ceux qui ont la nostalgie de la pureté originelle de la montagne, qu'ils seront heureux d'avoir gravie en une minute grâce au téléphérique, pourront, de son sommet, diriger leur regard vers les versants libres de tout remonte-pente.

La réputation de ce centre de ski n'est plus à faire. Mondialement reconnu, il offre des conditions et des équipements de haute qualité. Une centaine de pistes, réparties sur les quatre versants du mont, permettent d'offrir une large gamme de conditions : les tracés, les degrés de difficulté et même les différentes qualités de neige constituent un menu varié pour toutes les clientèles.

Heureusement qu'au-delà des aspects compétitif et technique de ce beau sport, la plupart de ses adeptes sont sensibles aux paysages devant lesquels ils peuvent le pratiquer. À cet égard, la région du mont Tremblant est riche de sa géographie, de son histoire et même de sa mythologie. Celle-ci se manifeste clairement dans une croyance amérindienne voulant qu'il s'agisse de *la montagne des esprits*. Selon la légende, le Grand Manitou manifestait sa colère en faisant trembler la montagne dès que quiconque ne respectait pas sa loi.

La réalité est plus précise. Le Bouclier canadien et les formes de relief qui le caractérisent constituent un sujet inépuisable pour qui s'intéresse aux humeurs de l'écorce terrestre, au même titre que l'épopée de l'*ouverture du Nord* dont le curé Labelle a été l'une des âmes inspiratrices, pour qui s'intéresse au peuplement des Laurentides. De nombreux sportifs sont sensibles à la géographie des régions où ils pratiquent leur sport et, à tous ces égards, la région du mont Tremblant a beaucoup à offrir, notamment dans le parc national du même nom.

?

Comment s'y rendre

L'autoroute des Laurentides, à 130 km de Montréal, croise la route 327, qui mène à la station Mont-Tremblant.

1. Presque rendu... 2. Des chemins pour en redescendre rapidement. 3. L'automne, l'observation du paysage remplace le sport. 4. Presque un décor de film.

2

3

TREMBLANT

-LE BELVÉDÈRE DU SENTIER DE LA CORNICHE-----LE BELVÉDÈRE DU SENTIER DE LA CORNICHE-----LE BELVÉDÈRE DU SENT

1

18

LE BELVÉDÈRE DU SENTIER DE LA CORNICHE

PARC NATIONAL DU MONT-TREMBLANT

Quelques chiffres illustrent la richesse de ce parc, à la fois le plus ancien et le plus vaste du Québec. Superficie : 1 510 km^2 ; 6 rivières, 400 lacs dont 60 ouverts pour la pêche à la journée, 40 espèces de mammifères, 202 espèces d'oiseaux, 26 sentiers de marche totalisant 230 kilomètres, 17 belvédères, 31 lieux de camping de divers types et degrés d'aménagement et plusieurs sommets avoisinant 1 000 mètres. De quoi y planifier des vacances durant plusieurs années, chacune étant consacrée à des lieux et à des thèmes différents.

Situé à une douzaine de kilomètres du poste d'accueil de La Diable, porte d'entrée du secteur le plus méridional du parc, le belvédère du sentier de la Corniche offre une vue plongeante sur le lac Monroe et son appendice le Petit lac Monroe, de même que les montagnes de la partie sud-ouest du parc.

Le parc est ouvert toute l'année et chaque saison offre une gamme d'activités. Comme on le sait, l'automne dote les paysages d'indéniables atouts esthétiques. Cette fantaisie de la nature recèle aussi des aspects informatifs. En effet, la répartition des feuillus et des conifères sur le territoire se manifeste clairement par les teintes différentes dont ils se parent. Le belvédère du sentier de la Corniche est particulièrement bien situé pour observer ces effets chromatiques.

Dans le bleu lointain, le pic Johannsen domine les reliefs environnants, avec ses 935 mètres. Cette montagne évoque le nom d'un personnage qui, par ses exploits, est pratiquement entré vivant dans la légende. Né en Norvège, Herman Smith Johannsen s'installe à Montréal au début des années 1920, explore la vallée de la Diable et découvre les qualités de la région pour le développement de centres de ski. Dans les années 1930, il participe à l'aménagement des pistes du mont Tremblant. Son extraordinaire vitalité – il participait encore à des rallyes de ski de fond à l'âge de 100 ans – lui a valu le surnom de Jackrabbit. En 1987, il décédait à l'âge de cent onze ans. Il n'était que justice que son nom couronne le point culminant du massif du Mont-Tremblant.

? Comment s'y rendre

De l'autoroute des Laurentides, à Saint-Faustin–Lac-Carré, se diriger vers le poste d'accueil de la Diable par la route de la Montagne. À une douzaine de kilomètres après l'entrée du parc, l'accès au belvédère est bien indiqué. Vous aurez 1,6 km de marche.

1. Le doux lac Monroe. Un miroir en lequel la montagne « se rit de se voir si belle », comme la Marguerite de Faust **2.** Premier arrêt après le poste d'accueil de la Diable.

19

LE BELVÉDÈRE DU SENTIER L'ENVOL

PARC NATIONAL DU MONT-TREMBLANT

1

Le sentier qui mène au belvédère du sentier l'Envol, situé au tout début du parc national du Mont-Tremblant, après le poste d'accueil de Saint-Donat, présente une véritable leçon de dendrologie, la science des arbres. Le long des 1 700 mètres de la montée, vous aurez l'occasion de traverser des peuplements variés dont vous pourrez observer la synthèse une fois le belvédère atteint. Vous apprécierez aussi des phénomènes fascinants d'ordre géomorphologique et zoologique.

Le premier demi-kilomètre de la randonnée traverse une forêt d'épinettes blanches et de sapins baumiers, des espèces qui s'accommodent assez bien de conditions de drainage et d'ensoleillement pauvres. Progressivement, les conifères font place à des feuillus, grâce à des sols plus fertiles et bien drainés. Le peuplement dominant est alors celui de l'érablière à bouleau jaune, mais l'érable à sucre et le hêtre trouvent aussi leur place en choisissant le type de sol qui leur convient. Au passage, vous remarquerez un bloc erratique, oublié là par le glacier qui l'avait transporté sur de longues distances dans sa lente descente vers le sud, il y a quinze mille ans. Peut-être aurez-vous aussi eu la chance de relever la présence de stigmates de griffes d'ours sur les arbres.

En observant le paysage qui se déploie devant le belvédère du sentier l'Envol, vous pourrez identifier les quatre principaux peuplements végétaux qui composent la forêt entourant le lac Provost. Une publication de la Société des établissements de plein air du Québec (Sépaq) disponible sur place vous en donnera la description et les caractéristiques.

Le parc national est fréquenté par une grande variété de mammifères figurant parmi les plus communs du Québec : des ours, des orignaux, des cerfs de Virginie, des castors. Ils y vivent sous la protection des règlements du parc. Il est bien entendu interdit de les chasser ; les loups s'en chargent. Ceux-ci sont relativement nombreux dans la région : on y a recensé environ trente-cinq individus regroupés en quatre ou cinq meutes. Le loup est d'ailleurs l'emblème du parc. De plus, avec un peu de chance, vous pourriez apercevoir deux animaux originaux : le jour, un écureuil volant appelé *grand polatouche* et, à la tombée de la nuit, une chauve-souris cendrée utilisant son radar pour capturer les moucherons très nombreux. Prenez vos précautions pour ne pas être incommodé !

?

Comment s'y rendre

En venant de Montréal par la route 125, vous continuez jusqu'à l'entrée du parc. Dès après le poste d'accueil, un sentier de moins de 2 km part du stationnement et mène au belvédère.

1, 4. Quelques foulées de douceur pour oublier les tronçons plus pentus. **2, 3.** De gauche à droite, les lacs Provost et Pembina.

2 3

RE DU SENTIER L'ENVOL----LE BELVÉDÈRE DU SENTIER L'ENVOL----LE BELVÉDÈRE DU SENTIER L'ENVOL----LE BELVÉDÈRE

4

1 2

LA MONTAGNE NOIRE-----LA MONTAGNE NOIRE-----LA MONTAGNE NOIRE-----LA MONTAGNE NOIRE-----LA MONTAGNE NOIRE----

4

20

LA MONTAGNE NOIRE

SAINT-DONAT

ITAGNE NOIRE-----LA MONTAGNE NOIRE-----LA MONTAGNE NOIRE-----LA MONTAGNE NOIRE-----LA MONTAGNE NOIRE-----LA MO

Vers la fin des années 1930, une montagne des Laurentides se voit attribuer le nom de montagne Noire, la couleur des ténèbres, du Diable, de la mort ! Un esprit superstitieux pourrait penser qu'il lui était prédestiné. Avec ses 875 mètres, il s'agit de la deuxième montagne de la région de Saint-Donat, après le mont Tremblant. Puis éclate la Seconde Guerre mondiale à laquelle participe l'Aviation royale canadienne.

Le Canada dirige alors le programme d'entraînement aérien du Commonwealth. Les manœuvres se déroulent donc en grande partie sur son sol. Ainsi, le 19 octobre 1943, un bombardier B-24D, le *Liberator-Harry* quitte la base de Gander, sur l'île de Terre-Neuve, en direction de Mont-Joli. Les conditions météorologiques sont difficiles. En raison d'une forte pluie mêlée de brume, une instruction est donnée au pilote de se diriger vers Dorval. Il n'a jamais atteint sa destination. La montagne Noire se trouve sur la ligne de vol. Le destin l'y attend. Le *Liberator-Harry*, volant à une altitude insuffisante, percute la montagne, fauche la forêt sur près de cent mètres pour s'écraser près du sommet. Certains ont avancé l'hypothèse que les cartes aéronautiques n'étaient pas d'une précision absolue. Mais la véritable cause de la catastrophe demeurera sans doute inconnue.

La montagne Noire restera la dernière demeure des vingt-quatre occupants de l'appareil. Sur la route du sommet, un modeste cimetière aux petites croix de bois a été aménagé. Toutes portent le nom d'un disparu ainsi que l'inscription de la date fatidique. Le temps a eu raison de quelques-unes d'entre elles, ce qui confère au site un air de grande tristesse. Pour assurer plus de permanence au souvenir de la tragédie, un obélisque commémoratif y a été érigé. La pureté de sa forme contraste avec les débris de l'avion disséminés tout autour.

En redescendant de ce site ô combien bouleversant, devant des paysages aussi somptueux, grandioses et pérennes, peut-être le randonneur songera-t-il, ne serait-ce qu'un instant, à la brièveté et à la fragilité de la vie.

Comment s'y rendre

De Sainte-Agathe-des-Monts, qu'on atteint de Montréal par l'autoroute 15, la route 329 mène au lac Archambault, 25 km plus loin. De là, prendre le chemin Régimbald jusqu'à un stationnement situé à 1 km plus loin, d'où part de sentier Inter-Centre. Vous atteindrez le site de l'écrasement après 6 km et trois belvédères.

1, 2. À la mémoire des victimes de la catastrophe. **3.** Tristes débris. **4.** Pourtant, ces montagnes n'étaient pas si hautes.

21

LA MONTAGNE COUPÉE

SAINT-JEAN-DE-MATHA

1

LA MONTAGNE COUPÉE-----LA MONTAGNE COUPÉE-----LA MONTAGNE COUPÉE-----LA MONTAGNE COUPÉE-----LA MONTAGNE C

Nombreux sont les êtres vivants, qu'il s'agisse d'animaux ou de *bipèdes raisonnables*, à rechercher des lieux d'où ils peuvent voir grand. Pensons aux aigles perchés près du ciel, aux Amérindiens qui savaient repérer les bons postes pour observer le mouvement de leurs proies ou ennemis, jusqu'aux équipes de la Sépaq qui cherchent à offrir aux visiteurs de larges vues sur les plus beaux paysages du Québec.

Il arrive que la nature offre des lieux dont les coupures de relief sont si brusques que c'est à se demander si elle ne l'a pas fait intentionnellement pour qu'on y aménage un belvédère. C'est notamment le cas du promontoire devant l'auberge de la montagne Coupée, depuis laquelle on se prend à admirer le vaste paysage qui s'étend des abords du Bouclier canadien jusqu'à Montréal, à une heure plus au sud. Quel géant a bien pu fendre la montagne d'un coup pour la découper aussi nettement que l'on tranche une pomme ou une orange ? Peut-être qu'un jour, un chaman vous le dira. Il vous racontera alors que le Grand Manitou voulait que les limites entre le *Pays des montagnes* et le *Pays de la plaine* soient aussi claires qu'il les voyait.

Avant que ne se produise cette intrigante rencontre, vous serez consolé par la visite de ce site à l'architecture étonnante et aux riches paysages. Il comporte une grande variété d'éléments : une vue sur la partie sud de la région de Lanaudière se prolongeant vers les larges basses-terres du Saint-Laurent, ponctuées d'étranges montagnes appelées les *Montérégiennes* qu'on peut deviner au loin. Plus proche, des champs, des boisés, des villages et des clochers. Il est fortement conseillé de se munir de jumelles, tant ce paysage est chargé. Elles vous permettront, par temps clair, de distinguer jusqu'aux gratte-ciel de Montréal.

Si vous demeurez à l'auberge, profitez d'être loin de la ville et de sa rumeur permanente. Prenez le temps d'écouter les bruits qui rythment la vie du pays : les oiseaux, le bruissement des feuilles, le vent et le silence.

?

Comment s'y rendre

Sur la route 131, à mi-chemin entre Saint-Félix-de-Valois et Saint-Jean-de-Matha, le chemin de la Montagne-Coupée mène au belvédère.

1. Une montagne bien nommée. 2. Un peu d'agriculture dans le Bouclier. 3. Avec des lunettes d'approche, vous verrez Montréal.

2

3

1 2

-LA MONTAGNE DU CALVAIRE-----LA MONTAGNE DU CALVAIRE-----LA MONTAGNE DU CALVAIRE-----LA MONTAGNE DU CALVAIRE-

4

3

22

LA MONTAGNE DU CALVAIRE

SAINT-ÉLIE-DE-CAXTON

La montagne du Calvaire, qui domine le paisible village de Saint-Élie-de-Caxton, est dotée de plusieurs attributs lui valant le surnom de *Golgotha du Québec*. Bien sûr, le chemin de croix et ses quatorze stations ne sont pas sans rappeler la montée de Jésus de Nazareth après que Ponce Pilate l'eut jugé *criminel politique* sur la foi de son dénonciateur, Judas Iscariote. Ce souvenir évangélique est partagé par les chemins de croix qui ornent les murs des églises catholiques et ponctuent nombre de chemins et sentiers menant à des calvaires.

À Saint-Élie-de-Caxton, le bon père Frédéric (1838-1916), à qui l'on doit l'aménagement de ce lieu de dévotion, a voulu pousser encore plus loin l'analogie en établissant quelques relations numériques. Le chemin qui mène au calvaire aurait la même longueur que celui qui mène à la colline où Jésus a été crucifié. La croix fait 10 m de haut (33 pi) en référence à l'âge du Fils de Dieu à sa mort. Enfin, pour rappeler qu'ils étaient trois à subir le même sort (car ce dernier était flanqué de deux larrons : un *bon voleur* et un *mauvais* !), on y a planté trois oliviers de Jérusalem qui, contre toute attente, ont gardé leur vigueur. Ils exhibent encore aujourd'hui ces longues épines rappelant que le *roi des Juifs* en avait été couronné. Ce titre est d'ailleurs repris sur les croix par l'inscription INRI, sigle de *Iesus Nazarenus Rex Iudaeorum* (Jésus de Nazareth Roi des Juifs).

Au détour du chemin qui gravit la colline, un petit pavillon blanc surmonté d'une curieuse coupole bulbeuse serait cette fois la réplique du charnier où a été déposé le corps du Christ. Une fois en haut de la colline, le paysage nous ramène chez nous, sur la terre des hommes, en offrant un panorama typique des villages du Bouclier canadien. Et, lorsque la forêt de feuillus qui coiffe les collines environnantes se parera des mille couleurs de l'automne, sera-t-il insolent de penser que, comme le Christ, tous ses arbres s'apprêteront à quitter la vie le temps d'un hiver, pour ensuite ressusciter glorieusement quand surgira le printemps ?

?

Comment s'y rendre

Une fois dans le village, vous tournez à droite immédiatement après l'église. Vous aboutirez au calvaire.

1. Un siècle de dévotion. **2, 3, 6, 7, 8.** La vie de Jésus en sculpture et en architecture. **4.** La montée au calvaire sans croix. **5.** En bas, le village de Saint-Élie-de-Caxton.

5

LA MONTAGNE DU CALVAIRE-----LA MONTAGNE DU CALVAIRE-----LA MONTAGNE DU CALVAIRE-----LA MONTAGNE DU CALVAIRE--

8

6 7

NTAGNE DU CALVAIRE-----LA MONTAGNE DU CALVAIRE-----LA MONTAGNE DU CALVAIRE-----LA MONTAGNE DU CALVAIRE-----LA M

23

LA TOUR D'OBSERVATION DE LA CITÉ DE L'ÉNERGIE

SHAWINIGAN

1

LA TOUR D'OBSERVATION DE LA CITÉ DE L'ÉNERGIE-----LA TOUR D'OBSERVATION DE LA CITÉ DE L'ÉNERGIE-----LA TOUR D'OBSE

C'est à ses chutes que Shawinigan doit sa réputation. Les nombreux surnoms qu'elles lui ont valu en témoignent : *la Ville de l'électricité, la Ville-lumière, le Paris de l'Amérique* (pourquoi pas ?), *le Berceau de l'industrie chimique, la Perle de la Mauricie...* On dit aussi qu'elles seraient *le Niagara de l'Est*. En effet, le Saint-Maurice, à la jonction de l'arrière-pays forestier et de la plaine du Saint-Laurent où les usines transforment l'arbre en papier, doit sauter une importante rupture de pente. Cette situation en fait un site stratégique. À preuve, un important complexe de production hydroélectrique y a été installé, faisant de Shawinigan une des premières villes du Québec à avoir joui d'un éclairage public à l'électricité. Dès lors, l'énergie devenait le moteur d'un développement industriel sans précédent dont la variété (production d'aluminium, d'acétylène, de carbure de calcium, transformation du bois) a fait la fortune.

La Cité de l'énergie est un complexe touristique où science et histoire se conjuguent autour du moteur de toute vie, l'énergie. Du haut des 115 mètres de sa tour d'observation, se déploie un panorama à 360 degrés où les aménagements énergétiques et industriels, les quartiers résidentiels et la forêt laurentienne drainée par le Saint-Maurice forment un ensemble particulièrement harmonieux.

Le visiteur portera son regard à plusieurs dizaines de kilomètres, et ce, dans toutes les directions. Il pourra, en avant-plan, repérer les différents éléments du complexe qui méritent aussi qu'on s'y attarde. On y trouve la centrale de la *Northern Aluminium Company* devenue hall d'exposition, la centrale de Shawinigan construite il y a exactement un siècle et qui fonctionne encore avec ses équipements d'origine, le centre d'interprétation et ses démonstrations interactives, l'aménagement touristique ludo-éducatif autour de thèmes scientifiques et technologiques ou encore les jardins de la Synergie ornés de plus de quatre cents variétés de plantes.

En bref, un mât de cocagne pour amateurs de sciences où il est à la fois facile et agréable de décrocher plaisirs et connaissances.

?

Comment s'y rendre

La route 157 à partir de Cap-de-la-Madeleine ou l'autoroute 55 (sortie 211) à partir de Trois-Rivières vous conduira à la Cité de l'énergie, située à l'entrée de Shawinigan, à une trentaine de kilomètres au nord.

1. Une portion du Saint-Maurice, asséchée par le barrage. **2.** La tour d'observation, un observatoire de science. **3.** Le complexe de production énergétique.

2

DE LA CITÉ DE L'ÉNERGIE-----LA TOUR D'OBSERVATION DE LA CITÉ DE L'ÉNERGIE-----LA TOUR D'OBSERVATION DE LA CITÉ DE L'

3

-LE BELVÉDÈRE DE L'ÎLE AUX PINS-----LE BELVÉDÈRE DE L'ÎLE AUX PINS-----LE BELVÉDÈRE DE L'ÎLE AUX PINS-----LE BELVÉD

24

LE BELVÉDÈRE DE L'ÎLE AUX PINS

PARC NATIONAL DU CANADA DE LA MAURICIE

On pourrait bien penser que, parmi les cent belvédères réunis dans ce livre, nombreux sont ceux qui se ressemblent. C'est le cas à première vue peut-être. Or, si l'on observe attentivement les panoramas qui se déploient depuis ces hauts lieux de l'observation géographique, on découvre tout compte fait une grande diversité de paysages, dans leur ensemble comme dans leurs particularités.

Ainsi, le Bouclier canadien est une véritable mer de montagnes, mille fois répétées, souvent semblables, indifférenciées, se succédant à perte de vue ; un océan vert, dont les vagues se suivent à un rythme constant, sans solution de continuité. Pourtant, aucun des belvédères qui ponctuent cette vaste région du Québec ne fait face à un paysage commun : chacun a ses caractéristiques propres, sa personnalité. Prenons le belvédère de l'île aux Pins et comparons-le avec celui du lac Cayamant. Dans les deux cas nous avons un lac entouré de montagnes boisées ; l'éternel tableau vert et bleu de la taïga. Première différence : une forêt de résineux dans le premier cas, une forêt de feuillus dans le second. Mais aussi, l'histoire géologique de ces paysages est faite d'événements fort différents. Chose peut-être plus intéressante encore, les groupes humains qui les ont occupés, fréquentés, développés y ont inscrit une mémoire de ces événements, partie prenante aujourd'hui de *l'esprit des lieux*. Voilà pourquoi il est bon de s'attarder devant les panneaux d'interprétation qui balisent les parcours menant aux belvédères et de les lire, prendre des notes, ou, plus aisé en montagne, de les photographier.

Faisant face au belvédère de l'île aux Pins, le long lac Wapizagonke. Il occupe une de ces vallées que le glacier a surcreusées, il y a quelque vingt mille ans, en poursuivant son lent écoulement vers le sud et le sud-est. À l'instar du Saint-Maurice, nombreux sont-ils dans la région à rappeler, par leur orientation, que la glaciation a façonné la géomorphologie de la terre québécoise.

En plus de présenter un harmonieux paysage forestier, le belvédère de l'île aux Pins comporte l'intérêt de nous rappeler que l'endroit a longtemps été une importante escale pour les Attikameks. En route vers leurs territoires de chasse, ils y faisaient leurs provisions de baies sauvages, de truites séchées préalablement réduites en poudre pour le voyage et, peut-être aussi, de ouapitagones, ces canards d'une espèce rare qui a d'ailleurs donné son nom au lac Wapizagonke, où trône la petite île. Les Attikameks y ont laissé des peintures rupestres qui n'ont à l'heure actuelle pas encore été déchiffrées.

?

Comment s'y rendre

Une fois entré dans le parc par son poste sud-ouest, situé à 25 km au nord-ouest de Shawinigan, vous trouverez après environ 6 km sur la droite, un court sentier menant au belvédère.

1. Apprendre au balcon. **2, 3.** Le lac Wapizagonke et son île.

25

LE BELVÉDÈRE DE LA PETITE RIVIÈRE BOSTONNAIS

LA TUQUE

1

--LE BELVÉDÈRE DE LA PETITE RIVIÈRE BOSTONNAIS-----LE BELVÉDÈRE DE LA PETITE RIVIÈRE BOSTONNAIS-----LE BELVÉDÈ

Comme les rivières, les noms voyagent et transportent leurs souvenirs. Un jeune homme, parti de Boston au début du XIXe siècle, vint s'établir en Mauricie où il fut aussitôt désigné par son lieu d'origine. La rivière qui traversait son territoire de chasse reçut le même nom : *Bostonnais*. Et tout comme les hommes, les rivières *font des petits*. Ainsi, la Petite rivière Bostonnais, qui conflue avec le Saint-Maurice à quelques kilomètres au sud, porte le nom de sa grande sœur. Quand on apprend que la ville de Boston tire son nom d'un port britannique nommé à la mémoire d'un saint qui avait prêché dans la région, on découvre les étonnants méandres d'un nom de personne devenu nom de lieu, redevenu nom de personne, redevenu nom de lieu.

Retournons en Mauricie. La Petite rivière Bostonnais, avant d'atteindre le Saint-Maurice, plus profondément incrusté dans le Bouclier canadien, doit perdre de l'altitude. Elle le fait d'un bond, à moins d'un kilomètre de son rendez-vous, en dévalant un grand escalier de plusieurs marches qu'elle décore d'un voile blanc, large et bouillonnant. Trente-cinq mètres plus bas, la rivière a ensuite tout le loisir d'atteindre calmement sa destination finale après quelques paresseux détours.

Un tel spectacle méritait qu'on le rende accessible. Un belvédère entièrement de bois a été érigé à cette fin. En gravissant l'escalier de la tour, reprenez votre souffle en vous arrêtant lire les panneaux d'interprétation qui renseignent sur le Saint-Maurice et les poissons qui l'habitent. Le sommet de la tour offre une vue d'ensemble du parc des Chutes-de-la-Petite-Rivière-Bostonnais ; du haut de ses 20 mètres se dégage un vaste panorama où s'inscrivent la Petite rivière Bostonnais et *l'indomptable Saint-Maurice*, surnom que lui valent les nombreux rapides qui ponctuent son cours. Si vous vous y rendez un jour de brume, vous croiserez peut-être l'ombre du vieil Indien de la légende, ouvrant la montagne avec son canot pour finalement donner naissance au Saint-Maurice.

Revenu sur terre, vous aurez le loisir de visiter des centres d'interprétation consacrés à la région de la Haute-Mauricie, à la traite des fourrures et au célèbre enfant du pays que fut Félix Leclerc ; résonnera alors dans votre tête la musique que l'extraordinaire épopée de la drave a inspirée au poète.

Comment s'y rendre

L'entrée du parc des Chutes-de-la-Petite-Rivière-Bostonnais est située à environ 7 km au sud du centre-ville de La Tuque sur la route 155. Le belvédère n'est pas loin du stationnement.

1. Par devant les pins blancs, le Saint-Maurice. 2. Une structure nouvelle pour bien voir. 3. Un aménagement discret. 4. Le dernier escalier que dévale la rivière avant son terminus.

2

3

ETITE RIVIÈRE BOSTONNAIS-----LE BELVÉDÈRE DE LA PETITE RIVIÈRE BOSTONNAIS-----LE BELVÉDÈRE DE LA PETITE RIVIÈRE

4

-LE SOMMET ROND-----OWL'S HEAD-----LE MONT FOSTER-----LE MONT ORFORD-----LE SANCTUAIRE DE BEAUVOIR-----LA TOUR

SON DU GRANIT-----LE MONT HAM-----LE BELVÉDÈRE DE LA VACHE-----LE MONT ARTHABASKA-----LE SOMMET ROND-----OWL'S

O-----LE BELVÉDÈRE DE SAINT-MALO-----LE MONT MÉGANTIC-----LE MONT GOSFORD-----LA MONTAGNE DE LA CROIX-----LE BE

LE SUD-OUEST

LE MONT FOSTER-----LE MONT ORFORD-----LE SANCTUAIRE DE BEAUVOIR-----LA TOUR CHARLAND-----LE BELVÉDÈRE DE SAIN

Robert Charlebois a qualifié le Québec de « presqu'Amérique ». S'il est une région où cette belle expression prend tout son sens c'est bien le sud-ouest du Québec habité. Les longs alignements montagneux qui ferment le sud du Québec sont le prolongement des Appalaches américaines qui s'étendent jusqu'à l'île de Terre-Neuve. C'est sur cette terre qu'une importante immigration américaine est venue s'installer au moment où une colonie britannique se mutait en république indépendante pour devenir les États-Unis d'Amérique. Cette population protestante, laborieuse, entreprenante et soucieuse du respect de la nature a conféré à l'Estrie un caractère particulier. Le cadastre, le style des habitations et des bâtiments de culte, l'aménagement du paysage, ou encore la toponymie sont des témoins visibles et vivants de ce « prolongement américain ».

La région mérite d'être vue d'en haut comme d'en bas. Les hautes terres sont, de façon générale, propices à la multiplication des belvédères et celles-ci en sont particulièrement

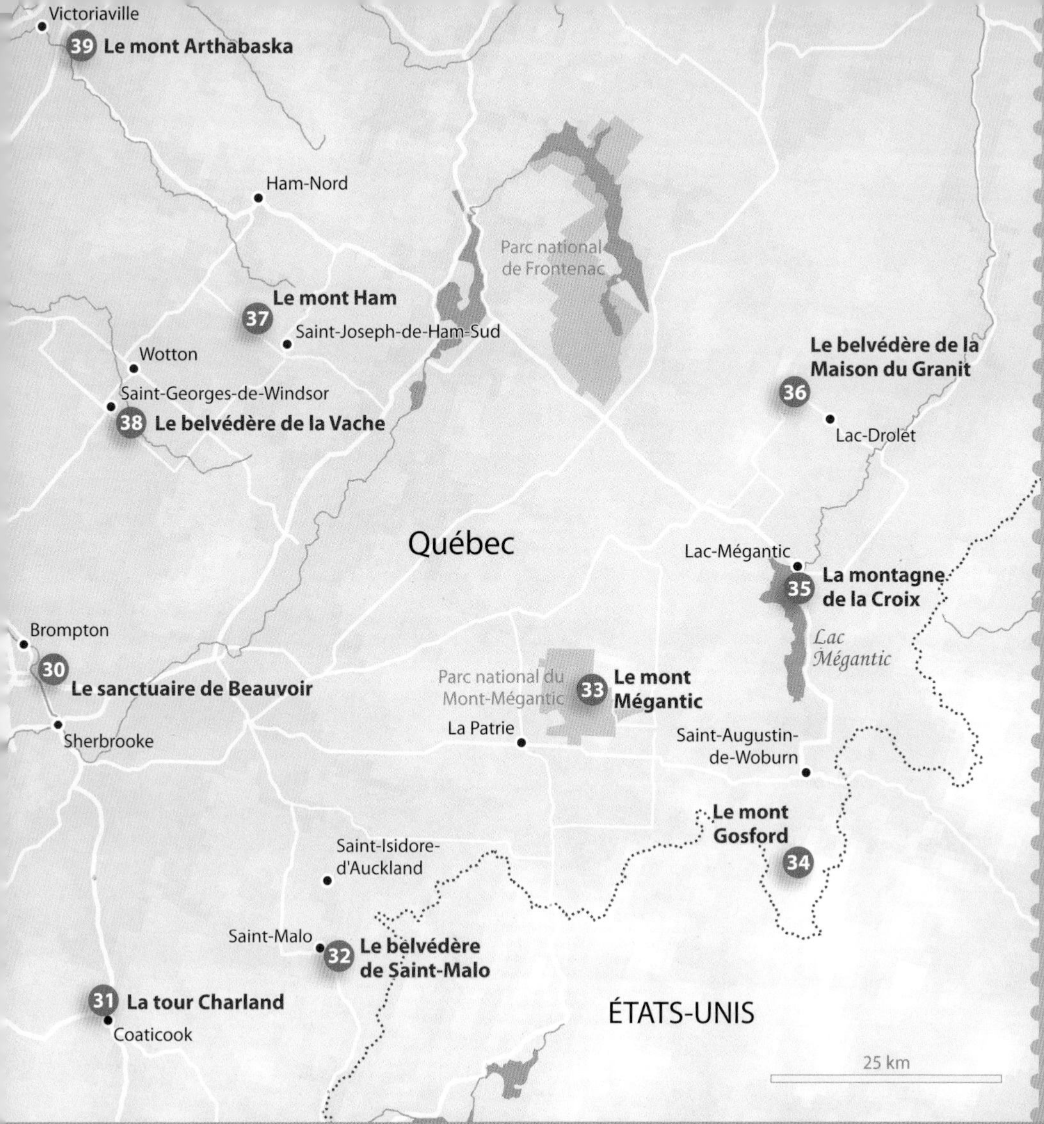

bien pourvues. Un épisode géologique de l'ère secondaire a doté la région de témoins de la poussée vers la surface de blocs rocheux que la glaciation a par la suite mis à nu. Ce sont les Montérégiennes, un chapelet de neuf montagnes isolées qui parsèment la plaine depuis le mont Royal jusqu'au mont Mégantic.

Ces monts contribuent à briser joliment la monotonie habituelle des plaines en plus d'offrir de larges points de vue permettant d'apprécier la beauté et la logique des paysages horizontaux. Plusieurs des belvédères qu'on y trouve sont des balcons dominant la vastitude de la plaine où se concentre l'essentiel de l'activité agricole du Québec.

Petite précision toponymique : on peut s'étonner que la partie sud-ouest du Québec porte le nom de Cantons-de-l'Est. En fait, ce nom est le pendant historique des « Cantons de l'Ouest » de la province du Haut-Canada. De là l'intérêt de la toponymie : elle pose autant de questions qu'elle propose de réponses...

26

LE SOMMET ROND (ROUND TOP)

SUTTON

--LE SOMMET ROND-----LE SOMMET ROND-----LE SOMMET ROND-----LE SOMMET ROND-----LE SOMMET ROND-----LE SOMMET

Dans la région, le sommet des monts Sutton est mieux connu sous le nom de *Round Top* ou de *mont Sutton*. En réalité, les monts Sutton constituent un massif comprenant plusieurs sommets dont le sommet Rond (968 mètres) et les monts Gagnon (855 mètres), Glen (745 mètres), Écho (745 mètres) et Foster (700 mètres) sont les plus élevés.

La renommée de ce mont tient en grande partie à la qualité des aménagements et des équipements qui en font un des centres de ski les plus populaires du sud-ouest du Québec. Ses cinquante-quatre pistes de degrés de difficulté et de tracés variés offrent un large choix aux skieurs de tous calibres. Bien qu'elles soient situées dans l'extrême sud du Québec, leur orientation nord les dote l'hiver d'une longévité intéressante en vertu d'abondantes précipitations neigeuses : plus de cinq mètres d'enneigement annuel moyen. En dévalant les pentes, les amateurs de glisse ne manquent sûrement pas d'apprécier la beauté des lieux.

Au-delà de leur magnificence, ces paysages recèlent l'avantage d'être tout à fait typiques du relief appalachien. Ce terme décrit la caractéristique principale de la chaîne des Appalaches : être constituée de montagnes sagement alignées dans une direction dominante. Il s'applique à toutes les montagnes du monde correspondant à ce schéma. Nous avons donc affaire ici à un *prototype géomorphologique.* Du haut des monts Sutton, le caractère longitudinal des Appalaches apparaît plus clairement encore que partout ailleurs.

Les éléments du relief mais aussi les rivières – dont les vallées rythment à leur tour le paysage et l'occupation du territoire – s'échelonnent selon une orientation sud-ouest–nord-est. Ils constituent le dénominateur commun du paysage depuis le sud-est des États-Unis jusqu'au début de la Gaspésie.

Le secteur des monts Sutton prolonge les montagnes Vertes du Vermont dont l'altitude est plus importante encore : une dizaine de sommets dépassent les 1 200 mètres. Vers le sud, ce sont les montagnes Blanches, dont le sommet, le mont Washington, culmine à 1 916 mètres, ce qui représente deux fois la hauteur des monts Sutton. Ceux-ci constituent, en quelque sorte, le piedmont du principal massif du nord-est de l'Amérique. Il vaut la peine d'atteindre le sommet Rond, où trois belvédères se partagent un panorama circulaire, et de cheminer par les nombreux sentiers qui sillonnent la montagne.

?

Comment s'y rendre

À Sutton, prendre la direction du centre de ski et continuer jusqu'au point dit « Altitude 520 », où vous pourrez garer votre véhicule. De là, prévoyez une marche de 5 km.

1. Les amants des belvédères méritent repos. **2.** Accessible en toutes saisons. **3, 4.** Le rigoureux alignement des Appalaches.

1

2

3

1

--OWL'S HEAD-----OWL'S HEAD-----OWL'S HEAD-----OWL'S HEAD-----OWL'S HEAD-----OWL'S HEAD-----OWL'S HEAD-----OWL'S HEA

3

par le télésiège

à pied

27

OWL'S HEAD

CANTON DE POTTON

S HEAD-----OWL'S HEAD-----OWL'S HEAD-----OWL'S HEAD-----OWL'S HEAD-----OWL'S HEAD-----OWL'S HEAD-----OWL'S HEAD-----

Plusieurs raisons peuvent vous inciter à monter au sommet du Owl's Head, une montagne qui culmine à 747 mètres et dont le versant oriental plonge abruptement dans le lac Memphrémagog. Il est visible de loin, entre autres depuis le belvédère de Saint-Malo, situé à quelque soixante kilomètres de là, du côté est.

La raison esthétique d'abord. Personne ne peut être indifférent à la splendeur de cette étendue d'eau étroite de deux kilomètres, mais longue de quarante-deux, encaissée entre des montagnes à la verte toison. Sa forme très allongée et son orientation dans le sens des plis appalachiens sont typiques de la région. D'autres lacs se conforment à ce schéma, tels les lacs Massawipi, Magog et, plus à l'ouest, Champlain.

Une dizaine d'îles parsèment le lac. La plus méridionale est l'*île de la Province* dont la pointe, qui fait un hectare, se retrouve de l'autre côté de la frontière internationale.

La raison sportive est multiple. L'hiver, le mont Owl's Head met à la disposition des skieurs un dénivelé de 540 mètres offrant les plus longues descentes des Cantons-de-l'Est. En tout, quarante-cinq pistes, desservies par neuf télésièges. Peu de centres de ski bénéficient de paysages mariant avec autant de bonheur grâce, grandeur et pittoresque. Durant la belle saison, le lac Memphrémagog attire canoteurs, plongeurs et nageurs, invités à se mesurer lors de la *Traversée internationale du lac Memphrémagog*, événement annuel toujours populaire.

Une *troisième raison* tient au contenu naturel et historique. Cerfs, orignaux, renards et oiseaux de proie y sont relativement nombreux. Aussi, ce peut être l'occasion de visiter une loge initiatique « naturelle » où les francs-maçons se réunissent à chaque solstice d'été depuis 1857.

Enfin, une *quatrième raison* tient au petit nombre d'accès directs au lac, la quasi-totalité de ses rives étant occupée par de riches propriétés privées, inaccessibles au public. C'est du haut de la montagne qu'on peut donc bien voir le lac. Les plongeurs qui veulent explorer les formations rocheuses, crevasses et falaises sous-marines qui rythment les profondeurs du lac doivent, quant à eux, sauf exception, se mettre à l'eau à partir d'embarcations.

Peut-être rencontreront-ils un jour un curieux résidant du lac, du nom de *Memphré*, qui se distingue par son extrême discrétion. Seuls quelques privilégiés l'ont rencontré dans des circonstances qu'il faut laisser au *dragonologistes* le soin d'expliquer. Soyez prudents ! On ne sait jamais...

? Comment s'y rendre

À Vale Perkins, sur la rive ouest du lac Memphrémagog, les indications pour Owl's Head sont claires.

1. Pour la beauté du sport et du paysage. **2.** Quand la nature se fait des bonhommes de neige. **3.** Une petite partie du long lac Memphrémagog que domine le mont Owl's Head.

28

1

LE MONT FOSTER

SAINT-ÉTIENNE-DE-BOLTON

-LE MONT FOSTER-----LE MONT FOSTER-----LE MONT FOSTER-----LE MONT FOSTER-----LE MONT FOSTER-----LE MONT FOSTER-

Plus de deux cents kilomètres séparent le mât du Stade olympique de Montréal et le mont Mégantic ; or par temps clair, les deux sont visibles depuis la tour du mont Foster. Ajoutez à cela que, du haut de ses 713 mètres (auxquels s'ajoutent les quelques mètres de la tour qui le coiffe), le panorama se déploie sur trois cent soixante degrés. On ne peut donc pas résister à l'attrait de cet observatoire, l'un des mieux situés pour apprécier la grandeur et la variété des paysages de cette région.

La situation privilégiée du mont Foster, au centre d'une région boisée, en faisait un point d'observation idéal pour la surveillance des incendies de forêt. On y édifia une première tour à feu en 1875, qui brûla quinze ans plus tard. Un siècle a passé avant qu'on ne la reconstruise, une initiative qui s'insère dans un programme plus large, celui des *Sentiers de l'Estrie*, un réseau de pistes de randonnée qui traversent plusieurs zones.

Le mont Foster est situé dans la zone Bolton des sentiers de l'Estrie. Un de ceux-ci conduit à la tour du mont Foster dont le nom, la *Tour des Scouts*, rappelle qu'un groupe de scouts de Magog, accompagnés de leurs parents et amis, a aidé à la construction de cet observatoire. Un bel exemple de solidarité locale. Si tous les villages du Québec bénéficiaient d'autant de mobilisation et de générosité de la part de leurs habitants, le pays deviendrait un immense *musée du paysage*. Les cent belvédères que nous avons choisis pour ce livre, parmi les quelque trois cents exemples inventoriés, indiquent que nous sommes peut-être sur la bonne voie.

Tout autour du belvédère du mont Foster se déploie un paysage qui comprend la large gamme des éléments physiques et humains des Appalaches québécoises. D'abord le caractère généralement aligné des crêtes rocheuses, caractéristique de base du relief appalachien. La géographie du sud-ouest du Québec a aussi été dotée d'un phénomène particulièrement intéressant, les *collines Montérégiennes* ; si la plupart ponctuent la plaine du Saint-Laurent, certaines viennent aussi compliquer quelque peu l'alignement des Appalaches. L'ensemble est rythmé par un dense maillage de rivières contournant ces montagnes, auquel obéit partiellement un réseau routier reliant des villages souvent installés dans les vallées axiales.

Au-delà du lac Brome, du massif de Bromont et des pistes de ski du mont Glen, l'observateur aura beaucoup à faire s'il veut identifier tous les sommets visibles du belvédère. Professeurs de géographie, amenez-y vos étudiants !

? Comment s'y rendre

Entre les routes 243 et 254, la route Bolton-Glen passe au sud du mont Foster. Le chemin Summit mène à un stationnement d'où part un autre chemin interdit aux véhicules. On trouve ensuite un sentier bien indiqué qui mène au belvédère, après 1,5 km.

1. Près du sommet **2.** Honni soit qui mal y pense... **3.** Le lac Brome, un des bijoux de la région.

Chemin de la Tour 1 km
Chemin Baker Pond 3 km
Camping West Field 17 km
(via ch. Baker Pond et rte 243)
Camping Mont Singer 27 km

2

3

1

LE MONT ORFORD-----LE MONT ORFORD-----LE MONT ORFORD-----LE MONT ORFORD-----LE MONT ORFORD-----LE MONT ORFO

3

par le télésiège ◆◆◆

à pied

29

2

LE MONT ORFORD

PARC NATIONAL DU MONT-ORFORD

La grande activité médiatique soulevée par les enjeux de l'intégrité écologique et territoriale du parc national du Mont-Orford n'a laissé personne indifférent. Il faut se réjouir que les documents produits par le Bureau des audiences publiques et la Coalition SOS Parc Orford aient contribué à mieux faire connaître les qualités mais aussi la fragilité naturelle et contextuelle d'un de ces coins d'exception qui jalonnent encore le territoire québécois.

La double vocation du parc, conservation et récréation, pose le défi d'assurer un équilibre entre divers besoins. Le parc possède une large gamme d'atouts qui font de lui un paradis pour les randonneurs. Du haut de ses 853 mètres, le mont Orford règne en maître sur les quelque soixante kilomètres carrés du parc. Une douzaine de sentiers totalisant trente kilomètres sillonnent la montagne et, grâce à cinq belvédères très bien aménagés, permettent d'apprécier la majesté de la région, une des plus pittoresques du Québec. Bien entendu, les aménagements du centre de ski marquent le paysage de grands coups de griffes prometteurs de plaisirs sportifs.

Du haut de chacun des belvédères (mont Alfred-DesRochers, pic du Lynx, pic de l'Ours, pic de la Roche-Fendue), on peut admirer le gigantesque travail de la nature qui, il y a quatre cents millions d'années, a lentement édifié, plissé, façonné puis érodé le système montagneux des Appalaches. Cet épisode géologique a marqué la région de lacs ; parmi eux, les lacs Fraser et Stuckely qui ont donné leur nom à deux secteurs du parc. Le belvédère Memphrémagog regarde vers le sud et porte le nom du long lac qui, comme les lacs Magog et Massawipi, s'insinue entre les plis appalachiens. Ce majestueux paysage, avant de se dissimuler sous un épais manteau hivernal, se pare des mille couleurs que lui prêtent, le temps de l'été des Indiens, les abondants peuplements d'érables à sucre.

Un grand choix de sentiers de différents degrés de difficulté s'offre aux promeneurs. Les débutants suivront la *boucle des Trois-étangs,* de cinq kilomètres. Le *sentier du Mont-Chauve*, une autre boucle de neuf kilomètres, offre une ascension de niveau intermédiaire. Les marcheurs experts ouverts à de plus grands efforts pourront atteindre le *pic de l'Ours* ou arpenter le *sentier des Crêtes ;* ils auront parcouru neuf kilomètres, aller et retour. S'ils atteignent le sommet, ils auront franchi un dénivelé de quelque 550 mètres.

?

Comment s'y rendre

À partir des sorties 115 ou 118, la route 141 mène à l'entrée du parc d'où les sentiers sont bien indiqués.

1. Chaque centre de ski porte sa griffe. 2. L'hiver permet de bien voir l'état du déboisement et de la mise en culture. 3. Avant le passage des marcheurs, la neige immaculée.

30

LE SANCTUAIRE DE BEAUVOIR

SHERBROOKE

1

LE SANCTUAIRE DE BEAUVOIR-----LE SANCTUAIRE DE BEAUVOIR-----LE SANCTUAIRE DE BEAUVOIR-----LE SANCTUAIRE DE BEA

Serait-ce parce que les montagnes sont proches du ciel que pratiquement toutes les religions les associent à des lieux de révélation et de prière ? Pour l'humanité entière, le bien suprême et le pays des dieux sont en haut ; le Malin ; avec ses œuvres et manœuvres, en bas. C'est sur le mont Sinaï que le Très-Haut a dicté ses lois à Moïse, reconnu à la fois par les catholiques, les juifs et les musulmans. Un grand nombre de versets du Coran se réfèrent aussi à la montagne. C'est également sur des montagnes que le bouddhisme et le taoïsme trouvent les contextes les plus favorables pour atteindre la *pensée pure*. Et c'est pour des motifs religieux là encore que se sont multipliées les montagnes refuges en Éthiopie.

Le Québec n'a pas échappé à cette tradition. On ne compte plus les villes et villages dominés par une grande croix, toujours au sommet de quelque montagne ou monticule. Aussi, des lieux de dévotion, monastères, sanctuaires, calvaires et chemins de croix, ont-ils souvent été installés sur des proéminences du relief.

Tel est le cas du sanctuaire de Beauvoir, situé à environ cinq kilomètres du centre de Sherbrooke, sur une colline faisant face au sud. Deux chapelles, dont l'une en pierres des champs, et une grande statue du Christ, bras en croix, sont tournées vers Sherbrooke. À partir du belvédère qui s'étend devant les chapelles, on voit les premiers alignements de maisons de la banlieue sherbrookoise. Le complexe comprend aussi un *sentier de la paix* dont les allées ombragées sont propices au repos, à la réflexion et à la lecture. L'ouvrage de Simone de Beauvoir, *Anne ou quand prime le spirituel*, n'est pas vendu à la boutique du sanctuaire de Beauvoir. Et pour cause ! Peut-être y trouverez-vous plutôt le livre de Maritain, *Primauté du spirituel,* que madame de Beauvoir s'est appliquée à démolir.

Pour ne pas oublier que le vin est associé au sacrifice dans le rituel de la messe, vous pourrez, en route vers le sanctuaire, arrêter au vignoble bien nommé *la Halte des Pèlerins*. Une fois parvenu à destination, n'oubliez pas qu'il s'agit d'un lieu de dévotion. On vous le rappelle par une affiche bien visible : « *Pas de chien, pas de boisson, pas de bronzage* ».

?

Comment s'y rendre

De Sherbrooke, à partir du boulevard Saint-François Nord, prendre le chemin du sanctuaire d'où part la côte de Beauvoir. Cinq kilomètres plus loin, vous y êtes.

1. Deux fois, mon Père. 2. Dans les sentiers du sanctuaire. 3. La force tranquille des Appalaches. 4. Profiter de la sérénité du lieu.

2 3

LE SANCTUAIRE DE BEAUVOIR-----LE SANCTUAIRE DE BEAUVOIR-----LE SANCTUAIRE DE BEAUVOIR-----LE SANCTUAIRE DE BEAU

4

1

-LA TOUR CHARLAND-----LA TOUR CHARLAND-----LA TOUR CHARLAND-----LA TOUR CHARLAND-----LA TOUR CHARLAND-----LA

3

2

31

LA TOUR CHARLAND

PARC DE LA GORGE-DE-COATICOOK

HARLAND-----LA TOUR CHARLAND-----LA TOUR CHARLAND-----LA TOUR CHARLAND-----LA TOUR CHARLAND-----LA TOUR CHAR

Si on a donné à Coaticook l'enviable surnom de *Perle des Cantons-de-l'Est*, c'est notamment en vertu de la richesse et de la variété de l'architecture de ses maisons d'influence victorienne. C'est aussi et peut-être davantage en référence à la plus longue passerelle suspendue pour piétons du Québec qui enjambe la spectaculaire gorge de la rivière Coaticook. Voilà au moins deux bonnes raisons de visiter cette petite ville sympathique et bien aménagée. Le pont suspendu reste l'attrait majeur du parc de la Gorge-de-Coaticook, et plus encore si l'on porte attention à l'aspect historique des lieux. Tout au long de la gorge, un parcours est proposé pour évoquer la saga de la production électrique dans la région.

Ceux qui s'intéressent aux belvédères pour leur vocation à faire découvrir d'un seul coup d'œil des complexes géographiques originaux et représentatifs trouveront à Coaticook la possibilité d'observer un paysage rural typique de ce coin de pays. Au terme d'une montée très facile, un sentier partant du centre d'accueil et du camping aboutit à un espace ouvert où se dresse la tour Charland. Après avoir gravi ses 96 marches et franchi un dénivelé de 20 mètres, on profitera d'une belle vue permettant d'apprécier l'harmonieuse imbrication des réalités rurales et urbaines de la région. Entrecoupés d'aires boisées, les différents quartiers de l'agglomération reproduisent à moindre échelle le schéma régional : l'heureux mariage de la ville et de la campagne qui contribue à l'équilibre des paysages des Cantons-de-l'Est.

En y regardant de plus près, on pourra découvrir les éléments qui participent à la richesse du décor : les fermes qui font de l'endroit un bassin laitier important, le réseau de transport routier et ferroviaire qui a permis d'intégrer les activités régionales dans l'ensemble du Québec, les aménagements civils et religieux qui témoignent de la bi-ethnicité de l'Estrie, ou encore le cadastre typique des Cantons-de-l'Est où le *township* se substitue au rang. Une véritable leçon de géographie grandeur nature.

?

Comment s'y rendre

En arrivant par la route 147 aux abords de Coaticook, du côté nord, prendre la rue Saint-Marc qui vous mène à un pont couvert. Vous y verrez une grange ronde. De là, par un sentier facile d'environ 1 km, vous atteindrez la tour Charland.

1. Le long de la gorge. **2.** L'harmonieux paysage agraire des environs. **3.** En surplomb de la gorge.

32

LE BELVÉDÈRE DE SAINT-MALO

SAINT-MALO

1

LE BELVÉDÈRE DE SAINT-MALO-----LE BELVÉDÈRE DE SAINT-MALO-----LE BELVÉDÈRE DE SAINT-MALO-----LE BELVÉDÈRE DE

Il est des coins de pays dont les doux paysages inspirent calme et sérénité. C'est précisément ce qu'il est donné d'éprouver dans la campagne du village de Saint-Malo, situé à quelques kilomètres de la frontière internationale. Pourtant, l'histoire de la région n'est pas dénuée d'épisodes truculents. Sans entrer dans les détails, rappelons que les faiseurs de frontières n'ont pas toujours accompli leur mission avec précision. Ainsi, il arriva au début du XIXe siècle qu'un territoire de quelque trois cents kilomètres carrés fut comme oublié par les gouvernements du Canada et des États-Unis. Les Indiens de la région ne manquèrent pas d'y constituer *leur* république. Elle ne vécut pas longtemps, il est vrai, mais l'anecdote a le mérite de démontrer que les décideurs politiques n'ont pas tous la science infuse.

De la tour d'observation que la municipalité a pris l'initiative d'ériger à la sortie est du village, en 1995, on a une bonne idée de la géographie de la région. Surplombant de 10 mètres les champs environnants, elle offre au visiteur l'occasion, grâce à des panneaux explicatifs très bien conçus, de découvrir le réseau de villages, de reliefs et de cours d'eau qui structurent le territoire. Vous pourrez désormais mettre un nom sur les villages et les montagnes environnants.

Dans la direction du village, le panorama qui se dégage illustre la détermination de ceux qui – malgré des altitudes inhabituellement élevées pour le Québec et en dehors de l'écoumène agricole naturel – ont réussi à gagner une terre productive. Plusieurs considèrent Saint-Malo, à 585 mètres d'altitude, comme la municipalité la plus élevée du Québec. La forêt, les terres agricoles et une certaine exploitation des cours d'eau constituent la base de l'économie locale. Chaque année, en septembre, a lieu la *fête des Récoltes*, notamment célèbre pour sa *messe country*. On peut aller observer tout près de là les nombreux oiseaux migrateurs qui fréquentent le lac Lindsay.

Ce belvédère sans prétention, installé dans un pays bien attachant, reste, nous devons l'avouer, l'un de nos coups de cœur.

?

Comment s'y rendre

Le belvédère est situé tout à côté du chemin Malvina, à 1 km du village, en direction est.

1. L'église de Saint-Malo, un repère. 2. De quoi s'informer… et penser au travail des agriculteurs sur ces hautes terres. 3. Pour observer… 4. … la campagne paisible et harmonieuse.

2

ALO-----LE BELVÉDÈRE DE SAINT-MALO-----LE BELVÉDÈRE DE SAINT-MALO-----LE BELVÉDÈRE DE SAINT-MALO-----LE BELVÉD

3

1

3

33

LE MONT MÉGANTIC

PARC NATIONAL DU MONT-MÉGANTIC

Gravir une montagne, c'est se rapprocher du ciel. Cela n'a jamais été aussi vrai qu'au mont Mégantic. Loin de la ville et des autoroutes, la région offre, la nuit, un ciel pratiquement vierge de toute pollution lumineuse. Un endroit tout indiqué pour observer, dans des conditions optimales, astres, étoiles, planètes et satellites qui peuplent le firmament. L'Université de Montréal et l'Université Laval ont donc coordonné leurs efforts pour construire, en 1977, l'ASTROLab, un observatoire qui constitue, depuis, le centre d'études et d'interprétation en astronomie le plus dynamique du Canada.

Muni du plus puissant télescope de l'est de l'Amérique du Nord, ce centre représente un atout considérable pour les chercheurs des universités québécoises, qui n'en ont pas pour autant l'usage exclusif. La mission pédagogique de l'Observatoire propose au public une grande quantité d'activités sous diverses formes : expositions, documents d'interprétation, salle multimédia, télescopes et autres instruments d'observation.

Nulle part ailleurs il vous sera possible d'identifier, surtout l'hiver, ces mystérieuses étoiles, pratiquement invisibles depuis la ville. En regardant vers le sud, vous identifierez facilement Sirius, la plus brillante des étoiles vues de notre planète, voisine de la constellation et de la nébuleuse d'Orion. En observant les Pléiades, vous pourrez tenter d'estimer à quelle distance elles se trouvent de notre planète. Imaginez : leur lumière a pris quatre cents ans pour parvenir jusqu'à nous, ce qui signifie que pas moins de neuf mille milliards de kilomètres nous séparent. Certains diront : « À quoi cela peut-il bien nous servir de le savoir ? Jamais nous n'irons. » La science a ses raisons que le tourisme ne connaît pas.

Le mont Mégantic est l'un de ces sommets du Québec qui pose autant de questions qu'il n'apporte de réponses. Le spectacle du monde sidéral qu'offre l'Observatoire n'est-il pas l'occasion de s'interroger sur la place du genre humain dans un univers des milliards de fois plus vaste que l'espace occupé par les problèmes qui font son quotidien ? Nous laisserons le soin aux philosophes, aux sociologues et aux théologiens de proposer des interprétations.

En attendant, le mont Mégantic vous accueille pour observer un paysage qui propose lui aussi des réponses et suscite quelques questions. Son altitude de 1 100 mètres lui permet de dominer une région généreusement boisée et d'en apprécier le relief assez particulier. En effet, le mont Mégantic semble trôner au milieu d'une corolle d'une douzaine de sommets plus modestes qui lui font couronne. Cette configuration singulière a d'abord amené géologues et géomorphologues à penser que l'on devait le mont Mégantic à l'impact d'une météorite. Nombre de ces astroblèmes jalonnent le territoire québécois. Seulement, il semble qu'ici ce ne soit pas le cas. Par ailleurs, plusieurs géologues estiment que le mont Mégantic fait partie de la famille des Montérégiennes, au même titre que les monts Royal, Oka et Saint-Hilaire. La question reste ouverte. Tout en demeurant dans la thématique, mais dans un registre moins scientifique, ce

4

5

chapelet de montagnes couronnant le mont Mégantic n'évoque-t-il pas l'image d'une planète entourée de quelques satellites ? En vérité, il s'agissait d'un contexte rêvé pour l'installation d'un observatoire astronomique.

Pour replacer l'histoire géologique de la région dans celle plus large de l'histoire de l'Univers depuis son origine supposée (le *Big Bang*), il vaut la peine de suivre le parcours bien nommé « De la terre aux étoiles » et lire les renseignements géologiques fournis sur les panneaux explicatifs. L'ascension vers le sommet permettra aussi, comme c'est le cas le long d'à peu près tous les sentiers menant à des sommets importants, de suivre la progression des différents étages de végétation. On pourra alors noter que l'on se trouve successivement entouré d'érables, de bouleaux, de sapins, puis de lichens.

Vu d'avion, l'ensemble formé par le mont Mégantic et ses satellites évoque une roue dont le sommet serait le moyeu. La dizaine de rivières et de ruisseaux qui y prennent leur source en seraient les rayons et la couronne de montagnes, les boulons. Sur une carte topographique. L'image est encore plus claire. La carte n'est-elle pas une schématisation fidèle du paysage ?

Dans le sens des aiguilles d'une montre, le mont Victoria, le mont Saint-Joseph, la montagne de Franceville (qui en fait est une série de sommets), le Pain de Sucre, la montagne des Cohoes, la montagne Noire et le mont Notre-Dame sont les plus importants sommets autour du mont Mégantic. Les deux premiers dépassent 1 000 mètres et les autres sont à peine moins élevés.

Cette nomenclature illustre la variété des paysages que l'on découvre du sommet du mont Mégantic, mais aussi du mont Saint-Joseph où un sanctuaire ajoute une dimension spirituelle au belvédère. La forêt, multicolore à ses heures, percée çà et là de champs en culture, telles des oasis, s'étend au lointain jusqu'aux montagnes du Maine et du New Hampshire. Un réseau de plus de trente kilomètres de sentiers pédestres complète ce haut lieu des amants de la nature et de la marche en montagne.

Comment s'y rendre

De Sherbrooke à Cookshire par la route 108 puis jusqu'à Notre-Dame-des-Bois par la route 212. De là, la route du Parc mène au mont Mégantic. Au poste d'accueil, on vous fournira toute l'information utile.

1, 3, 5, 6. Quand la terre rivalise avec le ciel. **2.** Le belvédère du ciel : l'observatoire astronomique. **4.** Le sanctuaire du mont Saint-Joseph… **7.** … et sa croix. **8.** À l'intérieur on explique le ciel, à l'extérieur, la terre.

6 7

ĜANTIC-----LE MONT MÉGANTIC-----LE MONT MÉGANTIC-----LE MONT MÉGANTIC-----LE MONT MÉGANTIC-----LE MONT MÉGANT

8

34

LE MONT GOSFORD

SAINT-AUGUSTIN-DE-WOBURN

1

--LE MONT GOSFORD-----LE MONT GOSFORD-----LE MONT GOSFORD-----LE MONT GOSFORD-----LE MONT GOSFORD-----LE MON

Le mont Gosford, situé à moins de trois kilomètres de la frontière entre le Québec et l'État du Maine, est le point culminant du Québec méridional. Du haut de ses 1 193 mètres, le panorama qui se déploie tout autour de son sommet est à l'image d'une mer de montagnes agitée par de hautes vagues dont le mouvement se serait instantanément figé. Munissez-vous d'une carte et amusez-vous à identifier les différents reliefs vers lesquels pointent les flèches du poteau indicateur en en donnant la distance et l'altitude.

En direction sud-est, vous pourrez apercevoir, à plus de cinquante kilomètres au-delà de la frontière, une montagne haute de 1 300 mètres fréquentée par une large clientèle de skieurs. C'est le mont Sugar Loaf. Direction franc sud, immédiatement au-delà de la frontière, c'est le mont Snow, presque aussi élevé avec ses 1 198 mètres. À l'ouest, la montagne de Marbre ; à l'est, un sommet à peine plus bas que le mont Gosford, localement nommé *Petit Gosford*. On pourrait ainsi poursuivre la nomenclature des innombrables montagnes qui forment les Hautes Appalaches que, du côté américain, on appelle *montagnes Blanches*.

Du côté nord, la vallée de la rivière Arnold ouvre la vue jusqu'au lac Mégantic. C'est par cette vallée qu'en 1775 le jeune général Benedict Arnold, à la tête d'un détachement de l'armée continentale durant la guerre d'indépendance des États-Unis, poursuit sa route le long de la rivière Chaudière jusqu'à Québec qu'il espère conquérir pour rattacher la vallée du Saint-Laurent à la colonie insurgée. Un heureux destin a voulu que, dans la nuit du 30 au 31 décembre de la même année, l'expédition soit mise en déroute par l'armée anglaise devant les murs de Québec. La rivière qui alimente le lac Memphrémagog a gardé le nom du général, ainsi que le lac qui en est la source ; celui-ci est situé à exactement trois cents mètres du pays d'origine d'Arnold.

En parcourant à pied, à vélo, en raquette ou en ski les sentiers qui sillonnent le mont Gosford, on observera de belles associations d'érables, de bouleaux jaunes, de sapins baumiers et d'épinettes rouges. Ces deux dernières espèces sont exceptionnelles à cet endroit. Parmi la douzaine de variétés d'oiseaux qui peuplent la montagne, la grive de Bicknell – une espèce protégée nichant dans les sommets – y constitue la plus importante communauté au Québec. Les mycologues auront aussi de quoi affiner leurs connaissances, la région abritant une grande variété de champignons.

?

Comment s'y rendre

À 2 km à l'ouest de Woburn, suivre le rang Tout-de-Joie jusqu'à la fin du chemin Clearwater. Du stationnement, un sentier de 2 km mène au sommet du mont Gosford.

1. Le petit frère du mont Gosford. 2. Un champ rocheux en guise de belvédère ... 3. ... pour observer l'alignement des Appalaches.

2

3

1 2

-LA MONTAGNE DE LA CROIX-----LA MONTAGNE DE LA CROIX-----LA MONTAGNE DE LA CROIX-----LA MONTAGNE DE LA CROIX---

3

35

LA MONTAGNE DE LA CROIX

LAC-MÉGANTIC

Saviez-vous que si l'envie vous prenait de déposer un message dans une bouteille pour la lancer ensuite dans le lac Mégantic, elle pourrait atteindre son destinataire à Québec ? En effet, la rivière Chaudière, qui aboutit au fleuve Saint-Laurent immédiatement en amont de Québec, prend sa source dans le lac qui a donné son nom à la ville qu'il baigne.

Les rivières, nombreuses dans la région, s'insinuent entre les mailles d'un réseau serré de montagnes couvertes d'une forêt généreuse. Cette double richesse, l'eau et le bois, a orienté le développement économique de la région. Le commerce du bois y a été important, le lac Mégantic ayant servi au milieu du XIXe siècle à la fois au flottage et au transport de billots vers un moulin situé au sud du lac. L'industrie forestière est encore active aujourd'hui.

La faune constitue aussi une ressource importante. La région est giboyeuse et ses eaux, poissonneuses. Les Indiens n'étaient pas sans l'ignorer : on a récemment découvert des vestiges archéologiques révélant qu'ils y chassaient le caribou depuis plusieurs milliers d'années. Le nom même du lac en témoigne : *Mégantic* renvoie, en abénaquis, à « truite saumonée » ou, plus généralement, à « abondance de poissons ». Ces découvertes ont une résonance actuelle, car le tourisme, notamment attiré par la chasse et la pêche, est une solide ressource régionale.

À son intention, on a procédé à des aménagements tels que la *route des Sommets*, un itinéraire de cent cinquante-sept kilomètres qui se faufile entre des montagnes dont les sommets varient de 800 à 1 200 mètres et donne ainsi accès à plusieurs belvédères illustrés dans ce livre : le *mont Mégantic*, la *Maison du Granit*, le *mont Gosford* ou encore la *montagne de la Croix*.

Cette dernière, postée à la limite sud de Lac-Mégantic, offre une vue qui permet d'apprécier sa situation et son site en relation avec les deux ressources de la région : son bois (forêts et usine) et sa beauté naturelle (lacs et montagnes). Depuis les 495 mètres du belvédère, un poteau fléché indique la direction de plusieurs sommets : le mont Sainte-Cécile, le morne de Saint-Sébastien, le mont Mégantic, la montagne de Marbre et le mont Gosford, distants de dix-sept à vingt-neuf kilomètres et dont l'altitude varie de 824 à 1 193 mètres. Plusieurs autres situés au-delà de la frontière sont également visibles. Un tableau finement illustré permet d'identifier une trentaine de points d'intérêt.

?

Comment s'y rendre

Une fois parvenu à Lac-Mégantic, il faut traverser la ville vers le sud. Après le pont, tournez à gauche sur la rue Salaberry, puis à droite sur la rue Fontaine. Un kilomètre plus loin, vous apercevrez l'entrée du parc de la Croix.

1. Une montagne entre plusieurs autres. 2. Une croix champêtre. 3. Pour y accéder, une belle pinède. 4. La synthèse d'une ville : Lac-Mégantic.

36

LE BELVÉDÈRE DE LA MAISON DU GRANIT

LAC-DROLET

1

Quel est le dénominateur commun entre l'Oratoire Saint-Joseph, Notre-Dame de Paris et le morne de Saint-Sébastien en Estrie ? Une visite à la Maison du Granit vous donnera la réponse. En effet, il n'y a pas que dans l'Europe moyenâgeuse que les tailleurs de pierre ont su travailler la masse rocheuse pour en faire un matériau noble et solide, appelé à devenir élément de structure ou de décoration. Nombre de cathédrales, d'édifices civils et de monuments funéraires ou commémoratifs sont encore debout pour nous le démontrer.

Le Québec est riche en granit, notamment au Saguenay–Lac-Saint-Jean, en Abitibi-Témiscamingue, dans les collines Montérégiennes, dans Portneuf et en Estrie. À Lac-Drolet, où le granit gris est extrait et transformé depuis la fin du XIXe siècle, on a aménagé, dans une ancienne carrière qui a mordu le flanc d'un des sommets du mont Saint-Sébastien, un lieu d'interprétation sur le travail des tailleurs de pierre.

La Maison du Granit présente des expositions thématiques, propose des animations et conserve divers documents relatifs à l'histoire de l'industrie du granit ainsi que des collections d'œuvres sculptées dans cette noble pierre grise et cristalline. Des visites guidées aident à mieux comprendre les techniques de taille de même que l'importance de cette industrie régionale à laquelle se sont consacrés les trois villages qui entourent le morne de Saint-Sébastien : Sainte-Cécile-de-Whitton, Saint-Sébastien et Lac-Drolet. Chacun est fier de ses édifices religieux en granit gris. Sur le parterre du musée, quelques pierres se dressent telles des menhirs composant un jardin de sculptures qui rend compte de l'habileté des tailleurs.

La Maison du Granit est avantageusement située à quelque 650 mètres d'altitude, devant un panorama qui, vers le sud, s'ouvre largement sur les alignements des Appalaches jusqu'aux montagnes du Maine ; de quoi rappeler que Saint-Sébastien et Lac-Drolet sont des étapes de la Route des Sommets qui sillonne les Cantons-de-l'Est. Du belvédère, on peut voir pas moins que sept lacs dont le lac éponyme ; la qualité de leur eau est aujourd'hui protégée par un programme qui porte bien son nom, le S.A.G.E. (Schéma d'action global pour l'eau).

On peut compléter la visite en empruntant deux sentiers de randonnée en forêt : le sentier du Pic (moins de un kilomètre) et le sentier de l'Oratoire (huit kilomètres).

?

Comment s'y rendre

Depuis Saint-Sébastien, dans la MRC du Granit, suivre vers le sud la route 263 sur 3 km, puis emprunter la route du Morne sur encore 3 km. À droite, un chemin monte vers la Maison du Granit et son belvédère.

1. Le lac Drolet et ses compagnons.
2. L'extraction du précieux granit.
3. Menhirs en Québec.

2

---LE BELVÉDÈRE DE LA MAISON DU GRANIT-----LE BELVÉDÈRE DE LA MAISON DU GRANIT-----LE BELVÉDÈRE DE LA MAISON D

3

1

-LE MONT HAM-----LE MONT HAM-----LE MONT HAM-----LE MONT HAM-----LE MONT HAM-----LE MONT HAM-----LE MONT HAM-

3

2

37

LE MONT HAM

SAINT-JOSEPH-DE-HAM-SUD

NT HAM-----LE MONT HAM-----LE MONT HAM-----LE MONT HAM-----LE MONT HAM-----LE MONT HAM-----LE MONT HAM-----LE M

Y a-t-il déjà eu des volcans au Québec ? Certains le prétendent, notamment en parlant des Montérégiennes, mais c'est une erreur. Il est vrai qu'elles sont le résultat de poussées de magma vers la surface, mais le magma ne l'a jamais atteinte. C'est l'érosion qui, plus tard dans la séquence géologique, a dégagé ces amas de roches volcaniques. Il en est de même du mont Ham, composé, entre autres roches, de basalte, un des éléments reliés aux activités volcaniques.

Le hasard a voulu que le sommet de cette montagne évoque la forme d'un volcan : une dépression au sommet d'un cône peut certes faire penser à un cratère dont le bord aurait été échancré, mais ce n'est qu'une impression. Ne nous attardons pas sur la longue histoire de la formation du massif dont fait partie le mont Ham – elle s'étend sur plus de cinq cents millions d'années – et admirons-en plutôt le résultat.

Après avoir gravi les 360 mètres qui séparent la base du sommet, on se retrouvera à une altitude de 713 mètres, sur la calotte dégarnie et rocheuse d'une montagne dont les versants sont généreusement boisés. C'est sous ce couvert que le sentier *L'Intrépide* mène à la tonsure de ce mont Chauve après un parcours de 1 700 mètres de difficulté variable selon les tronçons. Une vue panoramique circulaire récompensera alors les excursionnistes qui, au pied d'une grande croix finement ouvragée, auront une vue sur un paysage tout à fait typique de l'Estrie.

Le mont Ham, la plus haute montagne de la région, permet d'apprécier cette synthèse de montagnes boisées, certaines alignées et certaines isolées, et de vallées axiales mises en culture. Il est intéressant de constater que le découpage cadastral perdure même après la reprise de la forêt qui n'a pas réussi à l'effacer. Le bleu foncé de quelques lacs vient briser la continuité de la mer verte des Appalaches qui, à l'automne, passe au jaune, à l'orangé et au rouge pour ensuite disparaître sous le blanc manteau de l'hiver; à chaque saison ses couleurs. Du mont Ham, on a une bonne vue sur le lac Nicolet entouré d'un alignement continu de chalets, un lac qui aurait pu, comme plusieurs autres au Québec, être nommé *lac Sept-Îles*.

Ajoutons que des sentiers totalisant dix-huit kilomètres sillonnent la montagne. Ils mettent le promeneur en contact avec une faune et une flore variées.

?

Comment s'y rendre

Sur la route 257 qui relie Saint-Adrien à Weedon, le poste d'accueil se trouve à 4,2 km au nord-ouest de Saint-Joseph-de-Ham-Sud.

1. Le lac Nicolet et quelques-unes de ses sept îles. 2. Comme cheveux au vent. 3. Comme un prêcheur devant la foule.

38

LE BELVÉDÈRE DE LA VACHE

SAINT-GEORGES-DE-WINDSOR

1

Il est rare que ce soit le belvédère lui-même qui attire les amants des paysages. Or si d'aventure vous étiez entre Asbestos et Sherbrooke sur la route 249, vous apercevriez sur votre droite une vache surdimensionnée et immobile semblant porter sur son dos un baldaquin, à l'instar des éléphants indiens ou birmans. Ce n'est pourtant pas en s'inspirant de ceux-ci qu'en 2005 des esprits imaginatifs ont décidé de construire un belvédère en forme de vache.

La raison en était bien meilleure : permettre aux passants de prendre un peu d'altitude dans cette région de faible relief pour découvrir, alignés le long des molles ondulations de la plaine, des terroirs agricoles fort harmonieux. Et surtout, symboliser par cette architecture zoomorphique la vocation de la région. Laiteries et fromageries ont depuis plus d'un siècle fait sa renommée, mais sa production s'est aujourd'hui diversifiée. À côté des fraiseraies et des vergers s'est développé l'élevage, non seulement de vaches laitières et de bovins de boucherie, mais aussi de porcs et même de cerfs. Du haut de ce belvédère original, la couverture boisée symétrique des lots suggère qu'on y a planté un grand nombre de sapins pour des Noël à venir.

La vache pointe en permanence son regard langoureux vers l'est. Toutefois, si vous montez sur son dos, c'est dans toutes les directions que vous apprécierez la majesté d'une campagne où rien ne vient perturber l'harmonieuse combinaison de divers éléments : collines, montagnes, champs, bocages, villages, églises et maisons. Tout autour, vous pourrez par temps clair identifier pas moins de sept clochers. Le panorama est particulièrement séduisant en direction nord-est : soulignés par une remontée graduelle du relief, trois clochers bien alignés signalent Saint-Georges-de-Windsor, Wotton et Saint-Adrien. Des panneaux illustrés par des photographies représentant fidèlement le paysage environnant permettent d'identifier plusieurs sommets, dont les monts Chapman, Stoke, Mégantic, Ham, Wotton, Scotch, de même que la montagne à Simoneau et le Pinacle ; l'altitude de chacun est indiquée.

En passant, petit détail d'anatomie légère : l'humoriste suisse Bernard Haller explique ainsi le fait que les vaches passent leur journée à brouter : *la vache a deux estomacs, dit-il ; un pour tout de suite, un pour plus tard.* Comme elle, soyez prévoyant ; avant de retourner à la ville, faites réserve de beaux paysages.

Comment s'y rendre

Saint-Georges-de-Windsor est situé sur la route 249 entre Windsor et Asbestos. La « vache » dort à la sortie sud du village ; impossible de la manquer.

1, 2, 4. La robe typique des Holstein.
3. Saint-Georges-de-Windsor, patrie du fromage en grains.

2 3

E BELVÉDÈRE DE LA VACHE-----LE BELVÉDÈRE DE LA VACHE-----LE BELVÉDÈRE DE LA VACHE-----LE BELVÉDÈRE DE LA VACHE

4

1

-LE MONT ARTHABASKA-----LE MONT ARTHABASKA-----LE MONT ARTHABASKA-----LE MONT ARTHABASKA-----LE MONT ARTHA

3

2

39

LE MONT ARTHABASKA

VICTORIAVILLE

--LE MONT ARTHABASKA-----LE MONT ARTHABASKA-----LE MONT ARTHABASKA-----LE MONT ARTHABASKA-----LE MONT ARTH

Le Québec a connu, entre 1990 et 2000, une vague de fusions municipales qui a touché un grand nombre d'agglomérations dont celle de Victoriaville-Arthabaska. Chaque fusion implique nécessairement le changement de statut des municipalités ; se pose alors la question de la désignation de celles-ci et de la nouvelle ville fusionnée. La loi a prévu que les citoyens concernés puissent s'exprimer sur cet aspect toponymique de l'opération, par voie de référendum. Conséquemment, c'est la loi du nombre qui décide. Or la population de Victoriaville était trois fois plus importante que celle d'Arthabaska. Rien de surprenant, dans les circonstances, à ce que ce nom cédât sa place au vocable *Victoriaville* pour désigner la nouvelle agglomération. L'attachement de la population au nom de sa ville, quelle qu'en soit la valeur intrinsèque, est un phénomène tout à fait normal et explique que les changements de noms rencontrent souvent une certaine résistance.

Le toponyme *Arthabaska*, ayant servi de repère aux chasseurs abénaquis depuis des temps immémoriaux, avait une histoire beaucoup plus longue que son concurrent. Ce nom méritait de demeurer un toponyme de référence. On a alors procédé à un genre de *sauvetage toponymique* en attribuant le nom d'Arthabaska à la montagne voisine, appelée jusqu'alors *mont Saint-Michel*. Ce nom a aussi été conservé, car on l'a attribué au plus haut sommet situé au nord du premier.

De taille modeste, le mont Arthabaska offre néanmoins un panorama grandiose. Pas d'altitudes himalayennes ni de falaises à donner le vertige, mais une vue qui pourrait alimenter des chapitres entiers sur l'histoire et la géographie de la région. À l'ombre d'une croix de fer haute de vingt-quatre mètres érigée en 1929 par des Amérindiens de la Dominion Bridge, ce belvédère aménagé sur un contrefort des Appalaches offre un vaste paysage représentatif des basses terres du Saint-Laurent. Sa plaine ponctuée de clochers, rythmée par un cadastre typique et occupée par des fermes agricoles prospères, constitue en effet le prototype de la campagne québécoise. Sur le parapet du belvédère, un long tableau de localisation, réalisé avec art et précision, permet de localiser plus de vingt villages, dont les flèches des églises sont le traditionnel signal. Par temps clair, on peut distinguer le pont Laviolette de Trois-Rivières et même les Laurentides.

Au départ du pavillon, de nombreux sentiers sillonnent la montagne et constituent un site reconnu pour l'observation de quelques-unes des cent cinquante espèces d'oiseaux qu'on y a recensées.

?

Comment s'y rendre

En sortant de Victoriaville par le boulevard Jutras puis le chemin Laurier, l'accès au belvédère est bien indiqué.

1. Sur le parapet, la nomenclature des villages à voir. 2. La MRC d'Arthabaska : une synthèse ville-campagne. 3. L'église Sainte-Victoire.

LE CAP LAUZON-----LE MONT GIBRALTAR-----L'OBSERVATOIRE DE LA CAPITALE-----LE BELVÉDÈRE DU PARC DE LA CHUTE-MON

ÉBOULEMENTS-----LA MONTAGNE DE LA CROIX-----L'ACROPOLE DES DRAVEURS-----LE MONT DU LAC DES CYGNES-----LE SENTI

Y-----LE BELVÉDÈRE DE SAINT-FRANÇOIS-----LE MONT SAINTE-ANNE-----LE SENTIER DES CAPS-----LE CAP MAILLARD-----LE BE

LA RÉGION DE LA CAPITALE-NATIONALE

OUPS-----LE CAP LAUZON-----LE MONT GIBRALTAR-----L'OBSERVATOIRE DE LA CAPITALE-----LE BELVÉDÈRE DU PARC DE LA CHU

La ville de Québec a le privilège d'être située à la convergence des trois grandes « provinces géologiques » du nord-est de l'Amérique du Nord : le Bouclier canadien, les Appalaches et, entre les deux, la plaine du Saint-Laurent. La région de la Capitale-Nationale offre, de ce fait, plusieurs occasions de contempler l'un ou l'autre de ces paysages et même, du sommet de l'Observatoire de la Capitale, les trois d'un seul coup d'œil.

Cet observatoire porte bien son nom : aucun endroit ne permet de mieux comprendre l'emplacement de notre capitale, le plan de la ville, sa densité variable et les différences notables entre ses quartiers suivant leur fonction principale : gouvernementale, militaire, portuaire, industrielle, culturelle, résidentielle. Il vaut aussi la peine de se rendre au sommet du mont Sainte-Anne qui offre, sur Québec et ses environs, un point de vue qui vaut bien une leçon de géographie.

Le pays de Charlevoix est à la Vieille Capitale ce qu'est le parc de la Gatineau à la capitale canadienne : une réserve riche de sites variés aux portes de la ville. À ceux qui apprécient les hauteurs, comme aux amoureux du fleuve, la région propose de nombreux sentiers

ponctués de belvédères bien aménagés. Les sportifs apprécieront les points de vue du Massif de Charlevoix, un centre de ski et de villégiature bien équipé et appelé à se développer encore davantage.

Impossible de parcourir Charlevoix sans que nous rattrapent les images évoquées par les écrits de Félix-Antoine Savard. Même la vue prosaïque de Clermont, ville de compagnie fondée par le prêtre écrivain, nous apparaît d'une belle logique, du haut de la montagne de la Croix.

À l'ouest et au nord de Québec, d'autres hauts lieux de la randonnée et de l'émerveillement attendent les marcheurs. Certains sont bien connus, tels les belvédères qui constellent la vallée de la Jacques-Cartier et rythment notamment le sentier Les Loups. D'autres, moins fréquentés, tel le mont Gibraltar derrière Saint-Raymond, promettent de belles surprises.

Les environs de la capitale sont un condensé des multiples paysages du Québec, et nombreux sont les belvédères qui permettent de les découvrir pour en saisir l'essence et en apprécier la valeur.

40

1

LE CAP LAUZON

DESCHAMBAULT-GRONDINES

LE CAP LAUZON

Situé exactement à mi-chemin entre Trois-Rivières et Québec sur la route 138, Deschambault-Grondines constitue une escale incontournable pour quiconque emprunte l'ancien *chemin du Roy*. Ce village est sans doute le plus beau de la rive nord, entre Québec et Montréal. Vu du ciel, il arbore une concentration peu commune d'édifices patrimoniaux : l'église, le presbytère, le collège, le magasin général (véritable musée) et le cimetière où reposent nombre de pilotes du Saint-Laurent.

Deschambault fut en effet une pépinière de navigateurs, et son église renferme de précieux témoins de sa tradition maritime. Tous ces lieux de mémoire sont situés à deux pas du belvédère. À quelques kilomètres de là, le moulin de La Chevrotière est lui aussi lié à l'histoire maritime de Deschambault : c'est là que fut construite la goélette *Élizabeth*, à l'origine de la vocation navale de ce coin de pays. Une réplique miniature flotte dans la nef de l'église. Le village possède par ailleurs plusieurs très belles demeures qui constituent un bon échantillon de l'architecture traditionnelle québécoise.

À première vue, rien de spectaculaire devant le petit belvédère aménagé tout à côté de l'église. Il regarde le fleuve qui, de là, se déploie sur une vingtaine de kilomètres, depuis le village de Lotbinière, à l'ouest, jusqu'à la pointe Platon, qu'il contourne, accomplissant le seul coude à angle droit de tout son parcours, à l'est. À cet endroit, le Saint-Laurent fait preuve d'une grande quiétude, évoquant l'image du *long fleuve tranquille*. Il y cache pourtant à marée haute ses derniers rapides avant de devenir un estuaire. Un îlot, petit point vert sur ruban bleu, fait office de maillon entre l'histoire et la géographie des lieux. Véritable repère pour la navigation fluviale (les dangereux rapides ont arrêté Jacques Cartier en 1535), Champlain y fit construire un fort, un corps de logis et un poste de traite des fourrures. Sur cet îlot, qu'il nomma *Îlot Richelieu* en l'honneur de celui qui l'avait nommé gouverneur, il ne reste que le souvenir de l'illustre époque racontée par des panneaux d'interprétation.

Comment s'y rendre

De l'autoroute Félix-Leclerc (40), prendre les sorties 254 ou 257 qui mènent au village. Le belvédère, derrière l'église, est directement accessible en auto ; un stationnement y est aménagé.

1. Deschambault-sur-fleuve. 2. En bas à droite, le belvédère. 3. La pointe Platon, un angle droit dans le fleuve. 4. À marée basse. 5. Ici, on descend pour observer. 6, 7. Un hommage aux capitaines de Deschambault. 8. Un agréable parc prolonge le belvédère.

2

-----LE CAP LAUZON-----LE CAP LAUZON-----LE CAP LAUZON-----LE CAP LAUZON-----LE CAP LAUZON-----LE CAP LAUZON-----LE

3

4

5

--LE CAP LAUZON-----LE CAP LAUZON-----LE CAP LAUZON-----LE CAP LAUZON-----LE CAP LAUZON-----LE CAP LAUZON-----LE CA

8

Aux navigateurs
de la « Grande rivière »
De ruban bleu qui se déroule
Éblouissant sous le soleil
Le fleuve se gonfle grise dentelle
Sous la puissance des vents et des marées.
Ils s'y sont bercés,
Ils l'ont affronté;
C'étaient nos marins,
Nos pilotes
Nos capitaines…
Murielle L. Naud, août 2004
6 7

-LE MONT GIBRALTAR-----LE MONT GIBRALTAR-----LE MONT GIBRALTAR-----LE MONT GIBRALTAR-----LE MONT GIBRALTAR-----LE

41

LE MONT GIBRALTAR

SAINT-RAYMOND

BRALTAR-----LE MONT GIBRALTAR-----LE MONT GIBRALTAR-----LE MONT GIBRALTAR-----LE MONT GIBRALTAR-----LE MONT GIBRA

Aujourd'hui, tout le monde sait que le Québec a été complètement recouvert de glace il y a une quinzaine de milliers d'années. De nombreuses dépressions aux rebords arrondis, en forme de grand U, témoignent du passage de langues glaciaires qui ont légué cette morphologie à des vallées qui avaient plutôt eu, jusque-là, la forme d'un grand V. On ne les a pas appelées pour autant des *uallées*, mais il vaut la peine de les visiter, ne serait-ce que pour reconnaître dans le paysage les différents indices de cet épisode géologique.

Le panorama qui se dégage du haut du mont Gibraltar (dont le nom officiel est *cap Bédard*) constitue à cet égard un exemple intéressant. Du genre de ceux qui, selon l'expression du géographe français Pierre Deffontaines, « ont été créés par Dieu expressément pour les étudiants en géographie ». En effet, cette vue d'ensemble de la vallée du bras du Nord de la rivière Sainte-Anne présente l'avantage d'être une véritable synthèse de plusieurs phénomènes géomorphologiques.

Le sentier qui mène au sommet du mont Gibraltar présente une difficulté progressive. Très facile au début, il amorce après un kilomètre une passe plus ardue qui permet de gagner rapidement de l'altitude en contournant des roches et en enjambant un ruisseau au bruit sourd d'une chute, pour arriver à un tracé ponctué de pierres qui servent de marches. Près d'un millier en tout.

Au sommet, après avoir profité de plusieurs échappées vers la vallée et vaincu un dénivelé de 450 mètres, les marcheurs seront récompensés par un paysage aussi harmonieux qu'instructif. On est d'abord frappé par le fait qu'une rivière somme toute modeste ait pu creuser une vallée aussi ample et profonde. En réalité, c'est plutôt le glacier qui lui a donné sa forme actuelle, celle d'une *auge glaciaire* dont le haut des versants est appelé *épaulement*. On voit que la vallée principale est alimentée de vallées secondaires, que d'autres langues glaciaires plus réduites ont sculptées à leur tour, à même le plateau rocheux, pour laisser des *vallées suspendues*. Dans l'axe de la vallée principale, des roches plus dures ont résisté au travail érosif du glacier, de sorte qu'aujourd'hui ces *verrous* accidentent le fond de la vallée. L'inverse se produit aussi en ce sens que, par endroits, le glacier a creusé la vallée plus profondément encore ; si le surcreusement est important, on le désignera par le terme *ombilic,* sinon, comme c'est le cas ici, il n'en restera qu'une étendue d'eau. La vallée du Bras-du-Nord illustre chacun de ces phénomènes.

Comment s'y rendre

?

À partir de Saint-Raymond, il faut prendre le rang du Nord, puis le rang Saint-Michel, puis le rang Saguenay. Après 23 km, l'accueil Shannahan vous indiquera le sentier qui, après 8,2 km, vous amène au sommet du mont Gibraltar.

1. La vallée (glaciaire) du Bras-du-Nord. **2.** Un belvédère modeste, riche d'information.

42

L'OBSERVATOIRE DE LA CAPITALE

QUÉBEC

1

L'OBSERVATOIRE DE LA CAPITALE-----L'OBSERVATOIRE DE LA CAPITALE-----L'OBSERVATOIRE DE LA CAPITALE-----L'OBSERVATOIR

La ville de Québec reçoit environ cinq millions de visiteurs par an. À pied, en autobus ou en calèche, ceux-ci découvrent une des plus belles villes d'Amérique du Nord. Son site exceptionnel autant que son patrimoine bâti, et surtout l'assurance d'une volonté de conserver et de valoriser ces précieux témoins matériels lui ont valu d'être inscrite sur la liste du Patrimoine mondial de l'UNESCO.

Parcourir les nombreux attraits de ce trésor urbain demande du temps, dans la mesure où l'on veut en connaître et en bien comprendre l'histoire, la géographie, l'architecture, le sens culturel et social. Il existe heureusement un moyen d'avoir à la fois une vue globale de l'ensemble urbain de la capitale et la possibilité d'en examiner chacune des composantes, bref d'en découvrir à la fois la synthèse et l'analyse. Il suffit de monter à l'Observatoire de la Capitale, conçu, réalisé et géré par la Commission de la capitale nationale du Québec. Situé à une altitude de 220 mètres au 31e étage de l'édifice Marie-Guyart, le plus haut de Québec, cet observatoire offre une vue panoramique saisissante sur le vaste territoire environnant.

Aucun endroit ne révèle mieux que ce belvédère la situation exceptionnelle de Québec, au point de rencontre des trois grandes régions naturelles du nord-est de l'Amérique du Nord. C'est entre le Bouclier canadien et les Appalaches – dont le dernier alignement accueille la Haute-Ville –, que les basses-terres du Saint-Laurent viennent mourir à quelques kilomètres à l'est de Québec, au cap Tourmente.

Québec est aussi une ville-contact du point de vue hydrographique : en amont, on a le fleuve ; en aval, au-delà de l'île d'Orléans, on a déjà l'estuaire dont les eaux salées annoncent la mer. Cette configuration a permis de construire, à Québec, les derniers ponts routiers et ferroviaires à pouvoir enjamber le fleuve vers l'aval. De l'Observatoire, on les voit tous les trois.

Le Saint-Laurent, artère vitale du Québec, est intimement lié à la vie économique et touristique de la capitale. Les équipements portuaires, la marina du Vieux-Port, le quai des paquebots de croisière, les élévateurs à grains *Bunge* – qui servent en été de support au Moulin à images de Robert Lepage –, le quai pétrolier de Saint-Romuald, les chantiers

1. Conciergeries et hôtel face au quai pétrolier de Saint-Romuald. **2.** La prestigieuse rue d'Auteuil. **3.** Au sommet du Parlement. **4.** L'Observatoire est au sommet du plus haut édifice de la Haute-Ville.

2

3

4

5

L'OBSERVATOIRE DE LA CAPITALE-----L'OBSERVATOIRE DE LA CAPITALE-----L'OBSERVATOIRE DE LA CAPITALE-----L'OBSERVATOIR

6

maritimes de Lauzon à Lévis forment un complexe dont on peut observer tous les éléments du haut de l'Observatoire.

L'Observatoire offre aussi une vue plongeante sur la présence de divers ordres de gouvernement. À l'échelle municipale, l'hôtel de ville de style composite s'élève en face de l'édifice Price, le premier gratte-ciel de Québec, construit en 1930. On peut aussi facilement localiser les édifices gouvernementaux par les drapeaux qui y flottent. Le fleurdelisé coiffe le Parlement provincial, qui déploie sa belle architecture de style Second Empire devant la fontaine de Tourny, renommée pour son élégance. Quant aux édifices fédéraux, ils sont toujours ornés de l'unifolié.

Les citoyens de Québec pourront s'amuser à retrouver, dans le tissu urbain relativement serré de leur ville, quelques lieux familiers, un défi du type *Où est Charlie ?* Qui pourra identifier chacune des nombreuses églises élevant un peu partout leurs flèches ? Les télescopes, pointés dans toutes les directions, faciliteront l'observation des divers styles d'architecture religieuse. En Haute-Ville, le dôme bulbeux d'influence romano-byzantine de l'église Saint-Cœur-de-Marie aujourd'hui désaffectée, la tour néo-gothique de l'église Saint-Dominique, la plus belle de Québec selon plusieurs, la haute tour et les pinacles de l'église Chalmers-Wesley, la façade palladienne de la cathédrale anglicane Holy Trinity sont autant de témoins du patrimoine religieux de la ville, tous visibles de l'Observatoire.

La fonction militaire de Québec est également bien visible de là-haut. La Citadelle, les fortifications qui entourent la vieille ville et le Manège militaire, fortement endommagé par un incendie en 2007, forment un ensemble architectural qui, heureusement, a moins servi à sa vocation défensive qu'à doter la ville de monuments chargés d'histoire.

Le *Grand-Théâtre*, bien visible en contrebas de l'Observatoire, est en quelque sorte le centre de la fonction culturelle de la capitale. Quant au théâtre *Le Capitole* et à l'Institut canadien, deux autres acteurs importants de la vie culturelle de Québec, il faut avoir l'œil exercé et bien connaître la ville pour parvenir à les localiser de là-haut.

Québec est d'abord une ville de services ; mais la seule industrie de dimensions majeures, l'usine de papier *White Birch*, encore appelée par les aînés l'*Anglo-Pulp* comme à sa fondation en 1928, occupe une place primordiale dans le panorama de la ville. Un éternel panache de fumée signale sa position.

Visiteurs de passage à Québec, prenez quelques heures pour connaître la Vieille Capitale d'en haut. Montez à l'Observatoire de la Capitale, accompagné d'un ami connaissant bien sa ville ou, à défaut, d'un bon guide ; ils pourront vous aider à localiser les lieux et vous raconter leur histoire.

?

Comment s'y rendre

Vous entrez dans le plus haut édifice de la ville et vous prenez l'ascenseur.

5. La Basse-Ville que traverse la rivière Saint-Charles. **6.** Les plaines d'Abraham, le *Central Park* de Québec.

1

LE BELVÉDÈRE DU PARC DE LA CHUTE-MONTMORENCY-----LE BELVÉDÈRE DU PARC DE LA CHUTE-MONTMORENCY -----LE BE

3

2

par le téléférique

par l'escalier

43

LE BELVÉDÈRE DU PARC DE LA CHUTE-MONTMORENCY

QUÉBEC

Si certaines chutes sont plus impressionnantes vues d'en haut, pour la plupart, c'est davantage d'en bas qu'on peut les apprécier. Quelques-unes encore sont aussi impressionnantes d'en haut que d'en bas. La chute Montmorency, la plus haute du Québec avec ses 84 mètres (à titre de comparaison, les chutes Niagara n'ont que 54 mètres) est de celles-là. Des aménagements appropriés permettent de l'apprécier. Un téléphérique du côté ouest et un escalier de 487 marches du côté est se rejoignent au sommet grâce à un pont suspendu qui relie les deux côtés du parc de la Chute-Montmorency. Cela permet aux visiteurs de faire le tour du bassin qui se déploie au pied des chutes et de pouvoir les envisager sous différents angles.

Chaque hiver, le bassin du Pain de Sucre prouve la pertinence de son nom par la montagne de glace que la vapeur d'eau, produite par la chute, construit en contrebas. Soit dit en passant, le premier hôtel de glace a été sculpté dans ce pain de sucre, il y a plus d'un siècle.

À partir des nombreux belvédères qui balisent ce parcours, on peut découvrir en toutes saisons différents aspects d'un phénomène géologique peu commun. On est en effet devant une chute qui, après avoir érodé durant des millénaires des roches tendres (des schistes) pour former le bassin que l'on connaît aujourd'hui, a mis à nu un plan de faille sur lequel elle coule maintenant. Rares sont les endroits où le contact entre les roches dures du Bouclier canadien et les roches sédimentaires plus friables des Appalaches est aussi clair, net et visible. Les documents distribués au kiosque du téléphérique vous expliqueront plus précisément le phénomène.

La chute peut être vue d'une autre perspective encore, celle de la Dame blanche, une légende qui plonge ses racines dans l'épisode de la Conquête. Nous ne pouvons mieux faire que de vous référer à ce qu'on en dit en mots, en images, en photos et en chansons dans l'ouvrage *Lieux de légendes et de mystère du Québec*, également publié aux Éditions de l'Homme.

? Comment s'y rendre

Situé à 13 km à l'est de Québec, le parc de la Chute-Montmorency est accessible d'en bas (par l'autoroute Félix-Leclerc, A-40) ou d'en haut (par l'avenue Royale, route 360).

1. L'île d'Orléans et son pont. **2.** Le pain de sucre, vu du haut de la chute **3.** C'est l'heure où réapparaît la Dame blanche.

44

LE BELVÉDÈRE DE SAINT-FRANÇOIS

ÎLE D'ORLÉANS

1

Le *Portail du Québec* présente l'île d'Orléans avec l'accroche suivante : « Bienvenue sur l'île ensorcelée », un qualificatif ambigu qui peut faire frissonner autant que fasciner. Que ce soit la présence de feux follets, l'apparition du cheval noir qui a permis de construire une église en un jour ou les exploits du sorcier Lavallée qui, par sa seule volonté, faisait disparaître les nuages et avait projeté la flotte de Walker au fond de l'eau, l'île a bien mérité son surnom d'*Île des Sorciers*. Les légendes et les contes nés à l'île sont légion.

Pourquoi ne pas en inventer d'autres ? On pourrait expliquer la naissance de l'archipel de Montmagny. On raconterait l'histoire d'une oie blanche qui avait, pour la première fois, en dirigeant sa nombreuse famille vers le Grand Nord pour la saison estivale, temporairement élu domicile dans les parages. Un peu effrayée par l'imposant cap Tourmente qu'il lui faudrait franchir pour poursuivre son voyage, mais surtout parce qu'elle avait tant aimé la région, elle supplia le Grand Manitou de lui permettre de ne plus en repartir. Aussitôt dit, aussitôt fait : elle devint l'île d'Orléans et ses oisons, les îles de Montmagny. Cette légende pourrait faire écho aux *Contes de ma mère l'Oye* de Perrault...

À Saint-François-de-l'Île-d'Orléans, montez au sommet de la tour d'observation qui se trouve à moins d'un kilomètre de l'église du village. De là, vous pourrez comprendre pourquoi Maman l'Oie a été conquise par ce paysage du bout du monde. D'abord, vers le nord-ouest s'étirent les battures de Beauport où elle a découvert la scirpe d'Amérique, principale source d'alimentation des oies des neiges durant leur migration. Mais vers le nord-est, il y avait l'*obstacle*, le cap Tourmente, qui plonge directement dans le fleuve, mettant ainsi un point final à la plaine du Saint-Laurent. Les *oisons* y sont toujours : ce sont ces îles allongées qui, vers l'est, balisent le chenal du Saint-Laurent.

Et les oies ne sont pas les seules à avoir trouvé de quoi se nourrir à cet endroit. Jacques Cartier, qui avait pris des baies sauvages pour des vignes, serait heureux de revenir en ces lieux pour y trouver aujourd'hui de véritables vignobles. En route vers le belvédère de Saint-François, visitez-les. Il y a aussi tant d'autres choses à découvrir sur *Minigo*, l'île des Sorciers. Demandez aux gens du coin de vous expliquer pourquoi on trouve une *plage des Allemands* ; ils vous raconteront.

?

Comment s'y rendre

Le chemin Royal qui fait le tour de l'île d'Orléans traverse celle-ci près de son extrémité est. Le belvédère est installé au bord de la route, à mi-chemin entre les deux rives.

1. En aval de l'île, déjà l'estuaire. **2.** Les Laurentides derrière la côte de Beaupré. **3.** L'île Madame, allongée dans le Saint-Laurent. **4.** De la pointe de l'île, vue du cap Tourmente.

2

E DE SAINT-FRANÇOIS-----LE BELVÉDÈRE DE SAINT-FRANÇOIS-----LE BELVÉDÈRE DE SAINT-FRANÇOIS-----LE BELVÉDÈRE DE S

3

1

--LE MONT SAINTE-ANNE-----LE MONT SAINTE-ANNE-----LE MONT SAINTE-ANNE-----LE MONT SAINTE-ANNE-----LE MONT SAINT

3

2

par le téléférique

à pied

45

LE MONT SAINTE-ANNE

BEAUPRÉ

-LE MONT SAINTE-ANNE-----LE MONT SAINTE-ANNE-----LE MONT SAINTE-ANNE-----LE MONT SAINTE-ANNE-----LE MONT SAINTE

Le mont Sainte-Anne est connu de tous les skieurs du Québec qui apprécient la grande qualité de ses pistes et de ses aménagements. Quelques chiffres en témoignent : altitude et dénivelé de respectivement 800 et 625 mètres, soixante-six pistes (dont dix-sept éclairées pour le ski en soirée), près de deux cents hectares de pentes représentant au total soixante-huit kilomètres, treize remontées mécaniques et, le plus important, pas moins de quatre mètres de neige par année au sommet. Il faut bien le dire, la plupart des habitués n'y sont jamais montés durant la belle saison, la « belle saison » des autres, c'est-à-dire l'été. Dommage, car c'est l'été qu'on peut apprécier toute la complexité des paysages.

Une tour d'observation d'une cinquantaine de marches a été aménagée au sommet de la montagne. Grâce aux quelques mètres qu'elle ajoute à l'altitude déjà respectable du mont, ce belvédère offre une vue circulaire sur un paysage unique au Québec. De là, on observe la rencontre des trois grandes unités géographiques du nord-est de l'Amérique du Nord : le Bouclier canadien, les basses-terres du Saint-Laurent et les Appalaches. Seul l'*Observatoire de la Capitale* à Québec offre un coup d'œil aussi englobant.

Le côté nord exhibe une mer de montagnes verdoyantes, typiques du Bouclier canadien ; un pays presque inhabité, un pays réserve, riche d'une large gamme de ressources à exploiter.

En regardant vers le sud, sur le fond de scène que constituent les Appalaches, le Saint-Laurent exhibe son archipel d'îles longitudinales. On aperçoit certaines des îles du Grand Fleuve qui partagent cette caractéristique *appalachienne* d'être orientées sud-ouest–nord-est : l'île d'Orléans, l'île au Ruau, la Grosse Île, l'île Patience, l'île à Deux Têtes et au loin, l'île aux Grues et plusieurs autres.

En contrebas, apparaissent les belles terres en culture de la Côte-de-Beaupré et de l'île d'Orléans qui s'amenuisent progressivement pour aller mourir au pied du cap Tourmente, le point final, au nord du fleuve, des basses-terres du Saint-Laurent. C'est de ce côté qu'il faut observer et analyser le paysage pour en découvrir la richesse et la diversité. Un tableau qui illustre bien les travaux et les jours de cette zone périurbaine : quartier résidentiel, terrain de golf, complexe hôtelier, carrière de sable, champs en culture, réseau routier.

En tournant le regard vers l'est, on verra au loin la ville de Québec et ses quelques mini-gratte-ciel installés au sommet du premier entonnoir du fleuve, d'où son nom (*Québec*, en langue micmaque, signifie : « là où c'est rétréci »).

?

Comment s'y rendre

Depuis Beaupré, situé à 30 km à l'est de Québec, suivre la route 360 jusqu'à la station de ski Mont-Sainte-Anne. Vous pouvez parvenir au sommet à pied ou par le téléférique.

1. Neiges tardives et passagères du ciel : c'est le printemps. **2, 3.** Du sommet du mont Sainte-Anne comme d'un avion, vue plongeante sur le fleuve et l'île d'Orléans.

46

LE SENTIER DES CAPS

SAINT-TITE-DES-CAPS

1

---LE SENTIER DES CAPS-----LE SENTIER DES CAPS-----LE SENTIER DES CAPS-----LE SENTIER DES CAPS-----LE SENTIER DES C

Long de quelque 50 kilomètres, le sentier des Caps, reliant la Réserve nationale de faune du cap Tourmente au village de Petite-Rivière-Saint-François, côtoie ou domine des paysages dont les couleurs et les mouvements varient selon les saisons. En cheminant sur les caps, à des altitudes se situant entre 500 et 800 mètres, on traverse une forêt mixte qui offre, côté fleuve, une large gamme de teintes allant du vert tendre des feuillus au vert foncé des résineux. L'hiver, le blanc domine, mais ne masque qu'en partie sapins et épinettes dont il souligne la couleur permanente. À l'automne, l'arc-en-ciel de l'arrière-saison s'installe dans la vallée occupée par le village et les champs en culture de Saint-Tite-des-Caps. Vers le sud, sur les deux rives du Saint-Laurent, les demi-saisons s'animent du séjour des oies blanches venues prendre des forces en se gavant de scirpes d'Amérique, pour poursuivre leur longue migration vers les terres arctiques au printemps, vers le sud-est des États-Unis à l'automne.

Le sentier offre des échappées spectaculaires sur le fleuve, là où précisément, après avoir entouré de ses deux bras l'île d'Orléans, il devient estuaire. Pour certains, c'est déjà la mer. De part et d'autre de Montmagny, deux villages en témoignent : Berthier-sur-Mer, L'Islet. Comme s'il hésitait à quitter ses rives accueillantes, le Saint-Laurent y a engrangé quelques parcelles de continent qui constellent un véritable *jardin d'îles*. Le sentier des Caps est sans doute le meilleur endroit pour avoir une vue d'ensemble de l'archipel de Montmagny.

Ces îles ont une caractéristique commune : elles sont toutes de forme allongée selon un axe sud-ouest–nord-est. En réalité, ce sont les crêtes des derniers plis des Appalaches ennoyés dans le Saint-Laurent. Elles correspondent, dans l'eau, à ce que sont, sur terre, les *cabourons* de la région de Kamouraska. Chacune de la vingtaine d'îles de l'archipel a cependant son caractère propre. Aux deux extrémités s'étendent les plus grandes, habitées et mises en culture : l'île d'Orléans et l'île aux Grues. Entre elles, certaines sont inhabitées et complètement boisées. D'autres sont des propriétés privées, comme l'île au Ruau et l'île Madame qui possède sa piste d'atterrissage pour jet. La Grosse Île, quant à elle, a connu plusieurs fonctions avant de se voir attribuer le statut de *Lieu historique national du Canada de la Grosse-Île-et-le-Mémorial-des-Irlandais.*

Muni d'une carte et d'une lunette d'approche, amusez-vous à identifier les nombreuses îles de l'archipel de Montmagny. Plusieurs ont des noms savoureux. Vous aurez le goût d'aller voir...

?

Comment s'y rendre

Arrivé à Saint-Tite-des-Caps par la route 138, vous verrez l'accueil, au coin de la rue Leclerc. Vous aurez là toutes les indications concernant sentiers et belvédères.

1, 3, 4. Une suite de points de vue sur l'archipel de Montmagny. **2.** Sentiers et refuges bien indiqués. **5.** Vers le nord, Saint-Tite-des-Caps.

2

3

ENTIER DES CAPS-----LE SENTIER DES CAPS-----LE SENTIER DES CAPS-----LE SENTIER DES CAPS-----LE SENTIER DES CAPS---

4

5

1

-LE CAP MAILLARD-----LE CAP MAILLARD-----LE CAP MAILLARD-----LE CAP MAILLARD-----LE CAP MAILLARD-----LE CAP MAILL

3

2

47

LE CAP MAILLARD

PETITE-RIVIÈRE-SAINT-FRANÇOIS

LE CAP MAILLARD-----LE CAP MAILLARD-----LE CAP MAILLARD-----LE CAP MAILLARD-----LE CAP MAILLARD-----LE CAP MAILLA

Le village de Petite-Rivière-Saint-François a longtemps été un village de mer. Jusqu'en 1914, date de l'arrivée du chemin de fer, ses habitants n'avaient comme ressources locales que les produits de la pêche, en plus de ce que pouvait produire la très mince lisière de littoral cultivable, resserrée entre mer et montagne. Au fait, ces gens se nomment *les Riverains*, car il aurait été difficile de créer un gentilé (le nom des habitants d'un lieu) à partir du nom qui durant un temps a désigné le village : *Saint-François-Xavier-de-la-Petite-Rivière-Saint-François*. Aujourd'hui, il a perdu la bonne concurrence que lui faisait un village de l'Outaouais nommé *Cœur-Très-Pur-de-la-Bienheureuse-Vierge-Marie-de-Plaisance* dont les cinquante lettres ont été réduites à neuf : *Plaisance*. Mentionnons que les Gallois sont plus conservateurs : ils gardent avec vénération, dans sa forme complète, le nom d'un petit village de cinquante-huit lettres : *Llanfairpwllgwyngyllgogerychwyrndrobwllllantysiliogogogoch*.

Revenons à nos moutons, ceux de Charlevoix. De village de mer, le village de Petite-Rivière-Saint-François est récemment devenu un centre de montagne. Le développement d'un prestigieux centre de ski a, pour ainsi dire, inscrit ce nom sur la carte. Sous le nom *Le Massif de Charlevoix*, on y a aménagé pistes, remonte-pentes, centre de services et infrastructure d'hébergement, première phase d'un important complexe sportif et de villégiature promu à une reconnaissance internationale. Le site s'y prêtait. Un cap dominant le fleuve de ses 720 mètres, alliant de bonnes conditions de glisse à un panorama spectaculaire, suffisait pour que divers promoteurs souhaitent voir ce centre accueillir, un jour, les Jeux olympiques d'hiver.

Du sommet du cap, la localité de Petite-Rivière-Saint-François se présente comme un mince ruban d'occupation humaine qui a su se plier aux caprices du littoral. De là s'offre aussi un vaste panorama sur les îles qui, en aval de l'île d'Orléans, font cortège aux navires qui remontent le fleuve. Qui pourra identifier, du belvédère de Liguori, aménagé au sommet de la montagne, toutes et chacune des îles qui, vues de là, s'étirent le long du Grand Fleuve : *l'île aux Grues, l'île aux Oies, l'île au Canot, l'île de la Corneille, l'île à Deux Têtes, l'île Patience, la Grosse Île, l'île au Ruau,* voire même, par beau temps, la pointe de *l'île d'Orléans* ?

Chacune a ses particularités, son histoire, ses légendes. La meilleure référence pour en connaître l'histoire et les légendes est le livre que Damase Potvin a publié en 1945, *Le Saint-Laurent et ses îles*.

?

Comment s'y rendre

Depuis Québec, avant d'arriver à Baie-Saint-Paul par la route 138, vous verrez, très bien annoncée, l'entrée vers le centre de ski, au sommet du cap Maillard.

1. Pour gagner quelques mètres encore. 2. À la queue leu leu, les îles de Montmagny. 3. Petite-Rivière-Saint-François, village de mer et de montagne.

48

LE BELVÉDÈRE DES ÉBOULEMENTS

LES ÉBOULEMENTS

1

Charlevoix est la région où l'activité sismique est la plus intense au Québec. En 1663 un puissant tremblement de terre a détaché de la côte une langue de terre sur laquelle le village de Saint-Joseph-de-la-Rive a pu s'offrir une prolongation côté mer. Son quai est le point de départ d'une traversée vers « l'île ». À Québec, « l'île », c'est l'île d'Orléans ; à Saint-Joseph, c'est l'île aux Coudres, qu'on peut voir dans sa totalité depuis le belvédère des Éboulements.

De ce village perché sur une haute terrasse du Saint-Laurent, quand on a la patience d'observer le trafic qui emprunte le chenal entre l'île et la côte, on peut comprendre l'importance du lieu pour la navigation fluviale. Deux *lignes de vie* s'y croisent. D'abord, le traversier qui, aux demi-heures l'été et aux heures le reste de l'année, désenclave l'île en la reliant à Saint-Joseph-de-la-Rive. Mais aussi, à une autre échelle, la route fluvio-maritime qu'empruntent les navires de toutes les mers du globe pour atteindre le cœur du continent nord-américain. Le Saint-Laurent, « le chemin qui marche » pour les Amérindiens, voie royale vers le pays intérieur, doit en effet, comme tout chemin, se « faire un chemin », se frayer un passage entre les hauts-fonds, récifs, îles et caps qui lui font cortège.

Depuis le village des Éboulements, on voit l'île sans encore en découvrir les trésors ; ils sont nombreux. Au retour d'une visite de l'île aux Coudres, face à ce bout de terre en rade devant le haut pays de Charlevoix, le visiteur se remémorera la visite des moulins à eau et à vent construits au début du XIXe siècle à la suite d'une famine : la fin – la faim – justifie les moyens. On les a construits pour moudre les récoltes de blé et de maïs des habitants de l'île. Il aura aussi visité les économusées de la farine – la Maison du Meunier où l'on moud la farine selon l'antique méthode – et de la pomiculture, la Boutique du Forgeron, le musée Les Voitures d'Eau… Il se souviendra du film de Pierre Perrault, *Pour la suite du monde*, un hommage aux insulaires chasseurs de marsouins, ces sympathiques cétacés qui ont inspiré le surnom des habitants de l'île. Ceux-ci ne s'en offusquent pas, au contraire. Charlevoix, pays de montagnes et de forêt, côtoie harmonieusement la mer.

?

Comment s'y rendre

Depuis Baie-Saint-Paul, la route 362 conduit aux Éboulements, d'où une route pentue mène à Saint-Joseph-de-la-Rive. Le belvédère se trouve à mi-chemin.

1. Entre les Éboulements et l'île aux Coudres, le chenal principal. 2. Le souvenir d'une catastrophe routière. 3. Le village des Éboulements. 4. L'île aux Coudres s'avançant dans la baie Saint-Paul.

2

3

E DES ÉBOULEMENTS-----LE BELVÉDÈRE DES ÉBOULEMENTS-----LE BELVÉDÈRE DES ÉBOULEMENTS-----LE BELVÉDÈRE DES

4

1

2

LA MONTAGNE DE LA CROIX LA MONTAGNE DE LA CROIX LA MONTAGNE DE LA CROIX LA MONTAGNE DE LA CROIX

4

49

LA MONTAGNE DE LA CROIX
CLERMONT

Clermont est en quelque sorte la capitale du pays de Menaud, ce maître-draveur né de la plume de Félix-Antoine Savard. La seule ville industrielle de Charlevoix tire son nom de l'admiration que nourrissait l'écrivain pour Blaise Pascal, père de la distinction désormais célèbre entre *l'esprit de finesse* et *l'esprit de géométrie*, le cœur et l'intelligence. Monseigneur Savard a contribué à la fondation de Clermont en 1935 et en a choisi le nom, inspiré par la ville de naissance du grand philosophe, Clermont-Ferrand, dans le Massif Central français.

Le panorama offert par le belvédère de la montagne de la Croix présente les deux *esprits* de Pascal. Monseigneur Savard a joliment exprimé, dans *Menaud, maître-draveur* et dans plusieurs autres de ses écrits, son amour pour le pays forestier et ses travailleurs. Le paysage qu'on découvre du haut de la montagne de la Croix résume plusieurs éléments du paysage charlevoisien, une douce synthèse de rivières, de sages montagnes, de forêts et de champs. On peut dire qu'il est habité par l'*esprit de finesse*. Du belvédère, on peut aussi observer la résultante concrète, *géométrique,* du travail des ouvriers de la forêt : l'usine à papier Abitibi Consolidated et le parc industriel correspondant.

Cette nouvelle vocation, dans la basse vallée de la rivière Malbaie, a ajouté un volet industriel à la région, jusque-là exclusivement agricole. Une belle synthèse livrée par le belvédère. Celui-ci domine la vallée du haut de ses 200 mètres. Autre manifestation de ce double *esprit du lieu* : la croix de 15 mètres, qui a donné son nom à la montagne, tient son existence à la dévotion et au dur labeur des travailleurs de la Donohue qui l'ont édifiée bénévolement au milieu des années 1940.

Le belvédère permet d'observer à la fois la ville de Clermont, la vallée de la rivière Malbaie, l'arrière-pays de Charlevoix, le Saint-Laurent et, par temps clair, les Appalaches. Des panneaux d'interprétation rendent compte de la richesse du paysage.

?

Comment s'y rendre

En approchant de Clermont par la route 132, au relais de transmission d'Hydro-Québec, vous montez le chemin du Friche, pour prendre à droite le chemin de la Croix qui mène au belvédère au bout de 2 km.

1. La vallée de la rivière Malbaie et ses quelques bonnes terres. 2. Une croix finement ouvragée. 3. Clermont, une ville de compagnie caractéristique. 4. La montagne du Petit Lac au pays des draveurs.

50

L'ACROPOLE DES DRAVEURS

PARC NATIONAL DES HAUTES-GORGES-DE-LA-RIVIÈRE-MALBAIE

1

--L'ACROPOLE DES DRAVEURS-----L'ACROPOLE DES DRAVEURS-----L'ACROPOLE DES DRAVEURS-----L'ACROPOLE DES DRAVEURS

Devant la vallée glaciaire de la rivière Malbaie, le grand géographe français Raoul Blanchard, qui fut le premier à en faire une analyse géomorphologique systématique, aurait pu adapter sa célèbre phrase « Au rendez-vous de l'Isère, le Drac était en retard » décrivant un phénomène typiquement alpin et rare chez nous, celui des vallées suspendues. Traduction : « Le glacier qui a sculpté la vallée du Drac n'a pu terminer son travail avant de rejoindre l'Isère, son maître cours d'eau. » Les Hautes-Gorges de la rivière Malbaie présentent en effet un phénomène analogue.

Trois vallées glaciaires secondaires rejoignent la vallée principale ; elles y aboutissent comme au deuxième étage, les glaciers correspondants n'ayant pas eu le temps de surcreuser leurs lits restés en suspens. Le belvédère de l'Acropole des Draveurs offre une véritable leçon de géomorphologie. À une altitude de 1 050 mètres, du haut d'une paroi de 800 mètres, la plus haute à l'est des Rocheuses, ce belvédère naturel permet de découvrir, après une montée plutôt difficile mais bien aménagée d'un peu plus de 8 kilomètres, la plus spectaculaire des vallées glaciaires du Québec. Ne vous découragez pas ; le début est plus ardu que la suite.

Le nom *l'Acropole des Draveurs* émane de l'imagination de Félix-Antoine Savard qui a chanté le dangereux métier et le courage des gens de la forêt. Animé de son respect pour le classicisme grec et de son amour du pays forestier, il décrivait ainsi ce bloc rocheux du haut pays de Charlevoix, un pays de drave : « Puissante forteresse que je surnommai l'Acropole, parce que j'y élevai un Parthénon de rêve sur la frise héroïque duquel défilaient les grands draveurs. » C'était justice que le prêtre poète laisse son nom à la montagne devant *son* Acropole.

Avant d'atteindre l'apogée de cette *montée triomphale*, le parcours offre plusieurs points de vue qui illustrent la belle complexité de ce paysage naturel. Ceux qui veulent suivre un petit cours de géographie en plein air, découvrir ses composantes par les noms évocateurs qu'on leur a donnés et ainsi comprendre le paysage auront plaisir à lire les panneaux interprétatifs qui jalonnent le sentier. Merci à la Sépaq !

?

Comment s'y rendre

On atteint Saint-Aimé-des-Lacs par la route 138, à 135 km en aval de Québec. De là, la route pour atteindre le parc national des Hautes-Gorges-de-la-Rivière-Malbaie est bien indiquée. À l'accueil, une navette vous amène au début du sentier qui, après 5,3 km, conduit au belvédère.

1, 3. Comme l'Acropole d'Athènes, un majestueux monument de pierre. **2.** Une montée sérieuse, mais bien aménagée. **4, 7.** La vallée glaciaire par excellence. **6.** Un des quelque 70 caribous de la région. **8.** Au sommet, des lacs abandonnés par le glacier.

2

3

4

5

8

6 7

1

2

4

51

LE MONT DU LAC DES CYGNES

PARC NATIONAL DES GRANDS-JARDINS

Plus de mille kilomètres séparent la plaine du Saint-Laurent des solitudes nordiques. Pourtant, la toundra, formation végétale caractéristique de ces hautes latitudes, est, pour les amants de la nature, à la portée des marcheurs. Une loi géographique fondamentale veut que les écosystèmes s'échelonnent autant en altitude qu'en latitude. Conséquemment, pour observer la séquence des différents milieux biologiques qui se succèdent du sud au nord du Québec, il suffit de gravir un des sommets de la Gaspésie ou des Laurentides.

Le mont du Lac-des-Cygnes, un des sommets du parc national des Grands-Jardins à avoisiner les 1 000 mètres d'altitude, offre cette possibilité dans un cadre majestueux. À partir de la rivière du Gros Bras, deux sentiers permettent d'atteindre le sommet, qui culmine à 980 mètres après un dénivelé de 440 mètres. Reliant taïga et toundra, ils traversent d'abord une forêt mixte où l'épinette noire domine, pour ensuite s'amenuiser progressivement jusqu'à la ligne des arbres au-delà de laquelle un paysage de monts chauves, sculpté par le froid et les vents, évoque les hautes latitudes du Nunavik.

Là-haut, entre les chicots d'arbres rabougris, se déploie un fragile jardin de lichens multicolores appréciés des caribous, dont le troupeau dans le parc se maintient bon an mal an autour de soixante-dix têtes. La faune est abondante et variée ; ours, orignaux, loups, renards et lynx. En difficile cohabitation avec les nombreux vacanciers qui arpentent les lieux, ils se font discrets. En revanche, vous aurez probablement la visite de quelque geai gris venu picorer dans votre assiette.

Un panorama saisissant à trois cent soixante degrés s'offre à celui qui arrive au sommet après une ascension d'environ une heure et demie. Avec ses montagnes, ses forêts, ses champs, ses lacs, le fleuve, et même la ville au loin par temps clair, ce décor représente bien l'immensité du Québec. Les géographes, dont le métier est d'interpréter les paysages, reconnaîtront aussi l'astroblème de Charlevoix, ce cratère fossile provoqué par la chute d'une météorite il y a 350 millions d'années. Pas étonnant qu'une telle richesse ait valu à ce coin de pays, en 1988, d'être désigné par l'UNESCO *réserve mondiale de la biosphère de Charlevoix*.

Une fois les poumons bien remplis de l'air pur des sommets, on peut revenir par le même sentier, mais les bons marcheurs préféreront sans doute faire la boucle qui emprunte les hauteurs de l'arrière-pays. Le chemin parcouru aura alors totalisé 10 kilomètres.

?

Comment s'y rendre

À 30 km de Baie-Saint-Paul, la route 381 mène directement au poste d'accueil du Mont-du-Lac-des-Cygnes. De là partent les sentiers.

1, 2, 3. Un sentier à géométrie variable. **4.** Pour voir 500 mètres plus bas et 20 kilomètres plus loin. **5, 6, 7, 8, 10.** Au sommet, un paysage de toundra. **9.** En contrebas, la vallée glaciaire de la rivière du Gros-Bras.

5 6

9

7 8

10

52

LE SENTIER LES LOUPS

PARC NATIONAL DE LA JACQUES-CARTIER

1

-LE SENTIER LES LOUPS-----LE SENTIER LES LOUPS-----LE SENTIER LES LOUPS-----LE SENTIER LES LOUPS-----LE SENTIER LE

En suivant le sentier Les Loups pour aller admirer la grande vallée glaciaire de la rivière Jacques-Cartier, on constatera la conséquence visible du microclimat qui caractérise la vallée. Grâce à son encaissement de quelque 550 mètres, des parois abruptes la protègent de l'air froid et humide qui caractérise le massif laurentien. Le résultat en est que, dans le fond de la vallée, une forêt de feuillus, essentiellement composée de bouleaux jaunes et d'érables à sucre, s'avance vers le nord, alors que, plus haut, c'est la grande forêt de conifères à prédominance d'épinette noire qui forme la mer verte du Bouclier canadien.

Voilà un autre exemple d'un phénomène intéressant : en région montagneuse, on retrouve en altitude le même étagement d'écosystèmes que ceux présents horizontalement du sud au nord. Cela se vérifie pour la faune comme pour la flore. En effet, grâce à cette variété climatique, tant le cerf de Virginie que l'orignal ou le caribou se retrouvent dans le parc national de la Jacques-Cartier. L'ours noir y est souvent visible, ce qui n'est pas le cas du lynx, présent mais extrêmement discret. Quant au loup gris, si on ne le voit pratiquement jamais, on peut l'entendre ; les animateurs du parc organisent des excursions d'écotourisme dans la vallée pour aller écouter, de nuit, ses hurlements. Le sentier est donc judicieusement nommé. L'évolution de la répartition de ces mammifères est complexe. Ainsi, le loup est un prédateur redoutable pour les orignaux et les cerfs de Virginie, bien que le castor compte pour plus de la moitié de ses prises. Pourtant, on le considère comme une espèce menacée. C'est qu'il y a aussi l'homme...

Le sentier Les Loups, une suite de montées et de descentes sur un dénivelé de 450 m et une longueur de près de 10 kms (aller-retour), rend bien compte du relief accidenté de ce secteur du Bouclier canadien qui, de loin, a l'allure d'un plateau. À moins de pouvoir survoler la zone en avion, ce n'est qu'une fois rendu sur son rebord que l'on peut mesurer le grandiose enfoncement de la vallée ; cette dernière constitue assurément un des plus beaux exemples de vallées glaciaires du Québec. La Sépaq offre, dans le parc national de la Jacques-Cartier, une large gamme d'activités qui en font un des joyaux de la région de la Capitale-Nationale.

?

Comment s'y rendre

À 40 km de Québec, par l'autoroute Laurentienne, l'entrée du parc (secteur de la Vallée) est clairement indiquée.

1. La très typique vallée glaciaire de la Jacques-Cartier. **2, 3.** Loup y es-tu ?

2

-----LE SENTIER LES LOUPS-----LE SENTIER LES LOUPS-----LE SENTIER LES LOUPS-----LE SENTIER LES LOUPS-----LE SENTIEF

3

LA TOUR D'OBSERVATION DE SAINT-FORTUNAT-----LE BELVÉDÈRE DE LA MINE BELL-----LES TROIS MONTS DE COLERAINE-----LE

NCIENS CANADIENS-----LA TOUR D'OBSERVATION DE SAINT-FORTUNAT-----LE BELVÉDÈRE DE LA MINE BELL-----LES TROIS MON

DÈRE DU MONT DU MIDI-----LE BELVÉDÈRE DU MONASTÈRE-----LE BELVÉDÈRE DE BUCKLAND-----LE MONT SUGAR LOAF-----L

LA RÉGION CHAUDIÈRE-APPALACHES

COLERAINE-----LE BELVÉDÈRE DU MONT DU MIDI-----LE BELVÉDÈRE DU MONASTÈRE-----LE BELVÉDÈRE DE BUCKLAND-----LE

Parcourir les sentiers pédestres qui sillonnent la région Chaudière-Appalaches permet d'apprécier la variété et l'équilibre des éléments naturels et humains qui font l'harmonie de ce coin de pays. La prédominance de l'agriculture caractérise les basses terres, tandis que l'industrie minière tire parti des ressources des plis appalachiens au sud de la région. Par ailleurs, les reliefs plus vigoureux de cette partie méridionale se sont prêtés à des aménagements touristiques qui attirent chaque année plus de sportifs, notamment des skieurs.

L'alternance de vallées et de crêtes est soulignée par l'occupation humaine qui s'y est conformée en profitant des sols alluvionnaires des abords des rivières et en se réservant des zones boisées plus importantes dans les hauteurs. La couverture végétale de

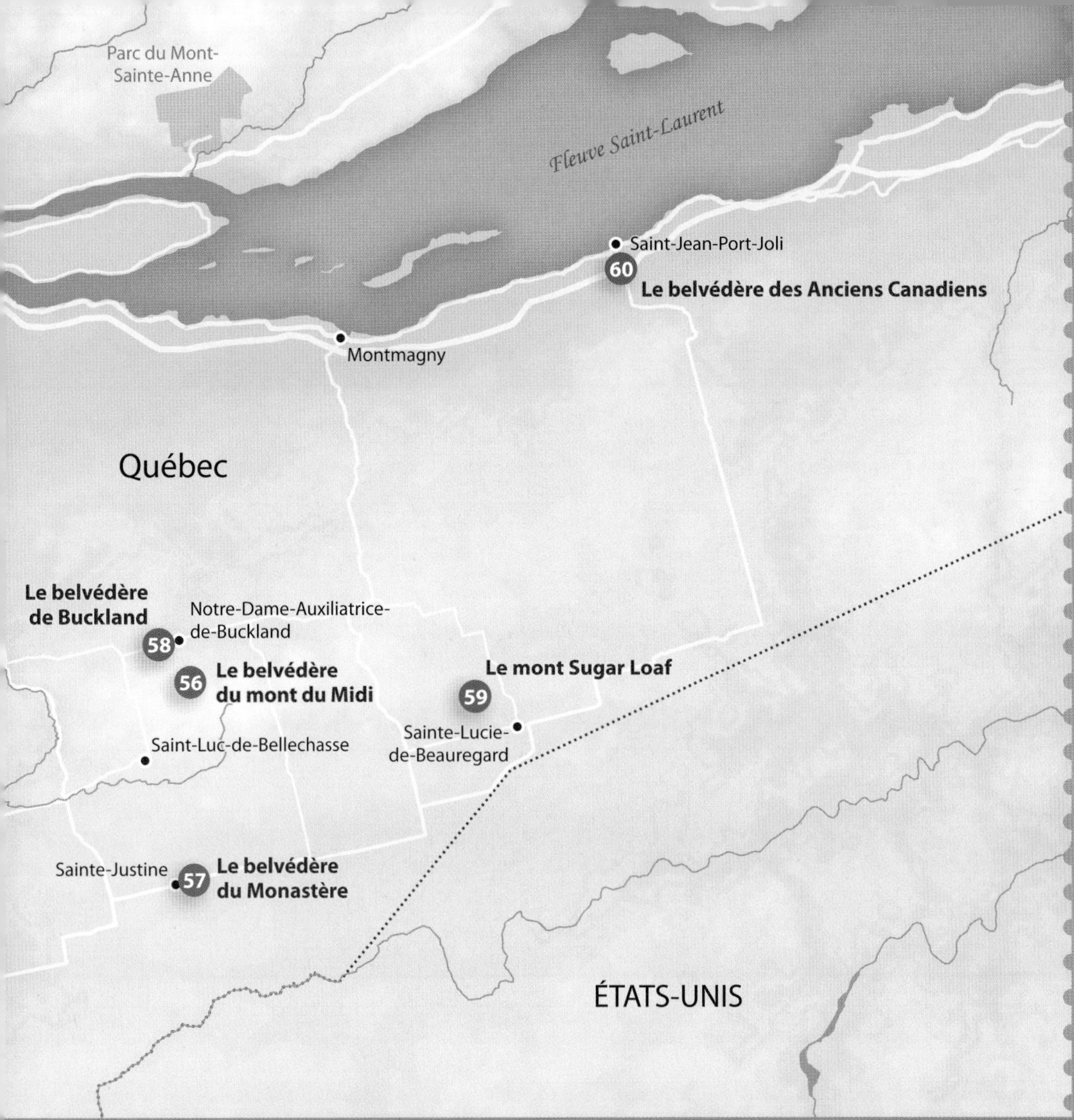

la région varie dans l'espace comme dans le temps. Les demi-saisons ont leurs points forts : les sucres au printemps et les couleurs d'automne rythment l'agenda régional. Tout au long de l'année, les sentiers de marche accueillent les sportifs désireux de découvrir le patrimoine paysager de cette belle région qui fait pendant à celle de la Capitale-Nationale.

Les belvédères installés sur les éminences du relief permettent généralement de voir loin et de saisir la structure générale de la géographie physique de la région. Certains donnent aussi l'occasion d'évoquer quelques pages de l'histoire du pays. Les sentiers présentent des niveaux de difficulté variés, de sorte que chacun y trouvera son bonheur. Bonnes randonnées !

53

LA TOUR D'OBSERVATION DE SAINT-FORTUNAT

SAINT-FORTUNAT

1

La montagne, dans la perspective géographique, évoque naturellement la hauteur, la verticalité, la puissance, parfois la rudesse et même l'inaccessibilité. Accouplée à la notion d'ascension, elle est aussi, dans la plupart des philosophies et religions du monde, symbole de recherche de dépassement, d'accès au spirituel, au surnaturel.

Pourtant, il existe des reliefs dont les sommets sont bien loin d'inspirer ces images. Il suffit de gravir les 15 mètres de la tour d'observation de Saint-Fortunat, la plus haute de la région, pour réaliser que des reliefs montagneux peuvent aussi être synonymes de calme et de sérénité et inspirer, non pas des envolées vers l'immatériel, mais plutôt l'admiration de faits bien concrets comme l'organisation et la logique des paysages.

Le panorama aux environs du petit village de Saint-Fortunat se caractérise par une suite de molles ondulations évoquant les longues vagues d'une mer calme, sans crêtes ni cassures. Ce rythme singulier crée un paysage original où le grand rayon de courbure des reliefs produit des versants en pente très douce occupés par des champs inclinés. Cette mollesse du paysage contraste avec la nette géométrie du cadastre découpant la campagne en différentes plaques dont les couleurs traduisent l'usage qui en est fait et suggèrent la séquence des travaux et des jours.

À propos de couleurs, le fait que feuillus et résineux soient intimement imbriqués élargit le spectre des teintes des boisés qui dominent dans la région. La symphonie chromatique de l'automne constitue une belle occasion de monter au belvédère de Saint-Fortunat admirer ce spectacle. Le sentier pour l'atteindre traverse des associations végétales variées, un habitat fréquenté par quelques orignaux et chevreuils. Une fois au sommet, pourquoi ne pas vous prêter, carte en main, au jeu d'identification de la douzaine de montagnes et des quelques villages qui l'entourent, en plus de celui de Saint-Fortunat qui s'étire en contrebas ?

?

Comment s'y rendre

Au kilomètre 235, l'autoroute Jean-Lesage (20) croise la route 263. Celle-ci, à 35 km vers le sud, mène à Saint-Fortunat. Bifurquez à droite : la route de Ham-Nord mène au belvédère, à 1 km.

1, 3. La route d'accès traverse un peuplement végétal varié. **2.** Autour de Saint-Fortunat, des Appalaches assagies.

2

T-FORTUNAT-----LA TOUR D'OBSERVATION DE SAINT-FORTUNAT-----LA TOUR D'OBSERVATION DE SAINT-FORTUNAT-----LA TOUR D'

3

-LE BELVÉDÈRE DE LA MINE BELL-----LE BELVÉDÈRE DE LA MINE BELL-----LE BELVÉDÈRE DE LA MINE BELL-----LE BELVÉDÈR

2

54

LE BELVÉDÈRE DE LA MINE BELL

THETFORD MINES

MINE BELL----LE BELVÉDÈRE DE LA MINE BELL----LE BELVÉDÈRE DE LA MINE BELL----LE BELVÉDÈRE DE LA MINE BELL---

On attend d'un belvédère qu'il offre des échappées sur des paysages spectaculaires par la dimension et la diversité des éléments naturels qui les composent. À première vue, les sites industriels ne répondent pas à ces attentes. Pourtant, il en est qui coupent le souffle autrement que par l'effort fourni pour gravir de hautes montagnes ou par les paysages exceptionnels qui en sont la récompense. C'est bien le cas du belvédère de la mine Bell.

Il permet d'observer le contexte et les équipements de l'exploitation de la mine d'amiante *LAB Chrysotile*. Ici, point de montagnes vertes ni de mer bleue ; seul un paysage gris, sans horizon, d'une simplicité extrême. Pour tout dire, un trou ! Malgré tout, ce belvédère est susceptible de provoquer des émotions fortes. D'abord, par les dimensions de la mine à ciel ouvert : d'un diamètre de deux kilomètres et d'une profondeur de 353 mètres, elle pourrait contenir la tour Eiffel sans que son sommet dépasse. Devant l'ampleur de ce cratère artificiel, on peut imaginer les heures que les travailleurs ont dû investir pour excaver, au moyen d'une machinerie surdimensionnée, une cavité de dimension aussi gigantesque.

Comme toute chose a son contraire, le cratère de la mine est entouré de terrils, ces amoncellements de résidus miniers grisâtres-verdâtres qui témoignent de l'impressionnante quantité de minerai qu'on a extrait. L'ensemble évoque un paysage lunaire.

Bien que l'on sache que, par le passé, de nombreux mineurs ont opéré cette incursion au centre de la terre au risque de leur santé, on dit que les mesures appropriées ont été prises pour assurer aujourd'hui une activité sans danger. Mais saiton jamais Voilà un belvédère qui a de quoi faire réfléchir.

Pour ceux qui ont déjà visité ce site, il faut savoir qu'un nouveau belvédère a été inauguré en 2010 en remplacement de l'ancien, définitivement fermé à cause d'un glissement de terrain important.

?

Comment s'y rendre

Le nouveau belvédère est installé, comme l'ancien, au bord de la route 112, au sortir de Black Lake, direction sud.

1. L'ancien belvédère. 2, 3. Vers le fond de la mine, 350 mètres plus bas.

55

LES TROIS MONTS DE COLERAINE

SAINT-JOSEPH-DE-COLERAINE

1

Les chênaies et les pinèdes des montagnes qui s'étirent entre Black Lake et Coleraine forment un ensemble d'écosystèmes particuliers et fragiles. Or, amiante et espèces menacées ne font pas naturellement bon ménage, bien que chacune ait sa valeur et son utilité. Entre deux frères ennemis, il n'est pas facile d'en arriver à un traité de paix. Ce défi a toutefois été relevé lorsqu'en 2003 le ministère de l'Environnement du Québec a créé la *réserve écologique de la Serpentine-de-Coleraine*.

La toponymie nous l'annonce : en gravissant le mont Oak, on trouve un peuplement de chêne rouge, une essence qui contient des tannins toxiques capables d'empoisonner des animaux. Malgré tout, il mérite qu'on en assure la sauvegarde, car le chêne rouge est de plus en plus rare dans les Cantons-de-l'Est. Aurait-on construit trop de planchers de bois franc ? Quant au pin rouge, sa croissance est très lente ; souvent il s'agrippe directement à la roche et, quand la nature se met à faire des siennes, il ne peut opposer qu'une faible résistance. Les dommages que lui a infligés le grand verglas de 1998 l'ont largement démontré.

La présence de serpentine, un métal rare associé à l'amiante qui ne constitue pas même un pour cent de la surface de la Terre, contribue aussi au caractère exceptionnel du secteur, de même que celle de plusieurs espèces végétales fragiles et menacées. De petits vautours appelés urubus y ont notamment trouvé refuge. Il existait donc plusieurs bonnes raisons pour faire des collines de Coleraine une zone protégée, qui a valeur de symbole quand on connaît les débats sur les effets cancérigènes de l'amiante.

Un argument supplémentaire réside dans la beauté des lieux que les belvédères aménagés sur les monts Oak, Kerr et Caribou permettent de découvrir. Du premier, on aperçoit vers le sud les villes de Coleraine et de Disraeli, le lac Aylmer et, au loin, le mont Mégantic. Les deux belvédères du mont Kerr, orientés vers le nord, donnent sur Thetford Mines et sa mine à ciel ouvert. Quant au mont Caribou, le plus élevé des trois, il domine la région du haut de ses 550 mètres en offrant le spectacle de la compénétration de sites d'extraction minière et de zones protégées. Une intéressante démonstration géopolitique dans le mode *action-réaction*.

?

Comment s'y rendre

De Thetford Mines ou de Sherbrooke, empruntez la route 112 jusqu'à Coleraine. Sur l'avenue Saint-Patrick, à la sortie nord de la ville, au bureau de la Corporation des Sentiers Pédestres des 3 Monts de Coleraine, vous trouverez toute l'information concernant les quelque 20 km de sentiers pédestres du secteur.

1. Chacun sa montagne. 2. Vers deux des trois collines. 3. La section la plus facile du sentier. 4. Devant le paysage agro-industriel de Black Lake. 5, 7. Heureusement, une forêt protégée et accueillante. 6. Collines de scories, témoins du travail des mineurs.

COLLINE KERR 1,6KM
LAC JOHNSTON 3,4KM
COLERAINE 2,3KM
MONT OAK 0,3KM

2 3

4

5

7

--LE BELVÉDÈRE DU MONT DU MIDI-----LE BELVÉDÈRE DU MONT DU MIDI-----LE BELVÉDÈRE DU MONT DU MIDI-----LE BELVÉD

par le télésiège

par l'escalier

56

LE BELVÉDÈRE DU MONT DU MIDI

SAINT-LUC-DE-BELLECHASSE

Les noms du *massif du Sud* et du *mont du Midi*, qui en est le point culminant, résultent d'une certaine logique. D'une part, nous sommes dans le *sud* du Québec, mais surtout *au sud* de la capitale, Québec, d'où proviennent la majorité des visiteurs de la région. Et dans le langage géographique, *midi* et *sud* sont synonymes. Aussi est-il amusant de savoir que la désignation *mont du Midi* provient du fait que, ses parois étant abruptes, lorsqu'on est posté à son pied du côté nord, on ne voit apparaître le soleil que vers midi. Telle est du moins l'explication que l'on donne à ce toponyme.

Le mont du Midi culmine à 915 mètres, ce qui en fait, entre les monts Mégantic et Chic-Chocs, le deuxième sommet de la chaîne des Appalaches, par sa hauteur. Devant la tour d'observation de modestes dimensions qui coiffe la montagne, se déploie un vaste panorama où montagnes, forêts, champs et villages composent un paysage dont les habitués pourront identifier les principaux éléments. Vers le nord, on distingue nettement le Saint-Laurent, la ville de Québec et l'île d'Orléans, situés à quelque 50 kilomètres en ligne droite.

Le massif du Sud est le troisième massif du Québec méridional, en étendue et en altitude, après les Chic-Chocs et les monts Mégantic et Gosford. Le mont Saint-Magloire fait 917 mètres et le mont du Midi, 915. Malgré sa plus faible altitude (717 mètres), le mont Chocolat attire peut-être encore plus de visiteurs. Serait-ce par son nom savoureux que lui aurait valu sa forme rappelant un *Cherry Blossom* ?

La variété des phénomènes qui jalonnent les 100 kilomètres de sentiers du massif, de même que celle des paysages qu'on peut admirer à partir de ses différents lieux d'observation, a valu à cet ensemble montagneux le statut de *parc régional du Massif-du-Sud*. D'une superficie de 102 kilomètres carrés, il comprend une vingtaine de sommets importants, des rivières entrecoupées de cascades, des parois rocheuses ornées d'une végétation originale, des abris sous roche et un canyon qui, à l'instar d'une trentaine d'autres lieux du Québec, a donné lieu au site des *Portes de l'Enfer.* Comme quoi il existe plusieurs manières d'arriver chez Satan.

Le belvédère du mont du Midi correspond à peu près au départ des trente pistes de ski alpin aménagées et gérées par la station touristique du Massif-du-Sud, qui offre de nombreux services. Hiver comme été, le mont vous remplira les yeux et les poumons du bon air des montagnes.

?

Comment s'y rendre

À partir de la sortie 337 de l'autoroute Jean-Lesage (20), la route 279 aboutit à Notre-Dame-Auxiliatrice-de-Buckland d'où la route 216, vers l'est, conduit à des panneaux qui vous indiquent le chemin. On peut parvenir au belvédère par la montée mécanique ou par le sentier des Sources.

1,2. Pour observer et identifier villes et villages. **3.** Le mont du Midi est sillonné d'une trentaine de pistes de ski.

57

LE BELVÉDÈRE DU MONASTÈRE

SAINTE-JUSTINE

1

--LE BELVÉDÈRE DU MONASTÈRE-----LE BELVÉDÈRE DU MONASTÈRE-----LE BELVÉDÈRE DU MONASTÈRE-----LE BELVÉDÈRE

L'intérêt de ce belvédère réside dans l'esprit des lieux auquel seule la connaissance de la petite histoire permet d'accéder. Du haut d'une petite tour d'une cinquantaine de marches surmontée d'une croix, on aperçoit en contrebas un champ en friche où l'on décèle quelques bandes géométriques de couleurs légèrement différentes. Pour le touriste uniquement intéressé par les paysages spectaculaires, il n'y a là rien qui vaille. Pourtant, ces signes à première vue insignifiants sont les stigmates d'une triste aventure qui mérite d'être connue. Si vous visitez le site en compagnie d'un archéologue, il pourra vous en révéler la signification.

Voici l'histoire. En 1862, arrive dans la région un groupe de pères Trappistes qui fuient la France révolutionnaire. Ils y construisent un monastère de bonne dimension : le monastère de *Notre-Dame-de-la-Trappe-du-Saint-Esprit*. Les Trappistes, on le sait, sont soumis à des règles de vie extrêmement sévères. Aussi, leur régime alimentaire très frugal s'avère-t-il inadapté à leurs nouvelles conditions climatiques auxquelles ils ne sont guère habitués. Pourtant, ils ont la force et le courage d'être les premiers défricheurs de la région, de *faire* plus de quatre cents acres de terre, de construire un moulin à scie pour débiter leur bois de construction, de gérer un troupeau de bêtes d'élevage, etc. Leur entreprise devient vite un modèle régional. Ce sont des pionniers. Malheureusement, leurs dures conditions de travail auront raison de leur résistance.

Après dix ans de labeur, de maladies et de décès, les Trappistes abandonnent les lieux. Le monastère est vendu et démantelé. Ses matériaux servent à la construction de maisons dont une, aujourd'hui propriété de la Société du Patrimoine de Sainte-Justine, sert en été de centre d'accueil à ce site historique. On y trouve l'information appropriée sur le monastère et son histoire.

Voilà un site modeste qui permet de réaliser que notre pays possède, pour peu qu'on porte attention à ses traces, une riche mémoire. Si vous visitez le site à la fin de l'été, peut-être serez-vous témoin d'un phénomène étrange, alors que le champ de céréales et de fleurs présente, par ses teintes, le spectre du père prieur.

?

Comment s'y rendre

Le site du monastère est situé sur la route 204, à 2 km du centre du village, vers l'est.

1. Des indices archéologiques aussi précieux que discrets. 2, 4. Le belvédère en forme de clocher respecte l'esprit du lieu. 3. Après l'abandon, la renaissance de la forêt. 5. Des témoignages architecturaux bien documentés.

2

TÈRE-----LE BELVÉDÈRE DU MONASTÈRE-----LE BELVÉDÈRE DU MONASTÈRE-----LE BELVÉDÈRE DU MONASTÈRE-----LE BELVE

3

4

5

1

--LE BELVÉDÈRE DE BUCKLAND-----LE BELVÉDÈRE DE BUCKLAND-----LE BELVÉDÈRE DE BUCKLAND-----LE BELVÉDÈRE DE B

3

2

58

LE BELVÉDÈRE DE BUCKLAND

NOTRE-DAME-AUXILIATRICE-DE-BUCKLAND

Notre-Dame-Auxiliatrice-de-Buckland est un paisible village de la région de Bellechasse, une région bien nommée, les sportifs en savent quelque chose. À quelques kilomètres au nord, un modeste belvédère a été aménagé ; il participe au calme et à la sérénité du panorama. La publicité locale décrit un « paradis tranquille », et ce n'est pas exagéré.

Profitons de l'occasion que donne cette halte pour parler un peu de toponymie. D'abord, que penser de ce mariage morganatique entre le nom de la très catholique *Notre-Dame-Auxiliatrice,* dont le pape Pie VII a institué le culte, et celui de *Buckland*, issu de la *perfide Albion* (surnom qu'ont donné les catholiques à l'Angleterre) ? Ce genre d'amalgame, étonnant au premier regard, s'explique par l'arrimage des divisions territoriales religieuses (les paroisses catholiques de langue française) et civiles (les cantons issus de l'administration britannique). La toponymie du Québec regorge de ces noms hybrides. Elle témoigne du double héritage de nos deux mères patries.

Et *Buckland* ? Son origine britannique est claire, mais on ne peut aller beaucoup plus loin. Le géologue William Buckland, spécialiste de la géomorphologie glaciaire, a peut-être été honoré. Il se peut aussi qu'on ait nommé le canton de Buckland dans le contexte de l'existence de titres de propriété reconnus (dans le droit britannique, les *buck lands* s'opposent aux *folk lands*, des terres occupées sans titre).

Tant qu'à y être, on peut se demander de quel saint Damien le village voisin honore la mémoire. L'un est mort décapité au Moyen-Orient, l'autre a consacré sa vie aux lépreux du Pacifique. Rien de très joli. Le Québec a un autre Saint-Damien, non loin de Saint-Côme, deux villages qui honorent la mémoire de frères martyrs.

La leçon est terminée, à présent observons le paysage : un bel alignement de crêtes et de vallées, des reliefs boisés, des vallées en culture, des rangs qui se conforment à cette orientation naturelle, bref, une superbe adaptation de l'habitat au modèle *appalachien*. Un détail intéressant : du belvédère, on aperçoit sur la droite (à l'ouest du village), un chemin montant sur l'un des gradins des Appalaches. Allez-y ; une étrange sensation vous y attend. C'est la *Côte Magnétique* de la route Saint-Louis.

?

Comment s'y rendre

La route 279 relie les villages de Saint-Damien-de-Buckland et de Notre-Dame-Auxiliatrice-de-Buckland. À environ 2 km au nord de ce dernier, vous verrez le belvédère en haut de la côte Saint-Roch.

1, 3. Un belvédère joliment documenté. **2.** Vue d'avion l'hiver, les champs exhibent leur géométrie.

59

LE MONT SUGAR LOAF

SAINTE-LUCIE-DE-BEAUREGARD

En survolant l'arrière-pays de Montmagny, on aperçoit un minuscule point rouge qui coiffe le mont Sugar Loaf, un des nombreux pitons qui parsèment le plateau. Il s'agit d'un belvédère qu'il vaut la peine de visiter. Son altitude (650 mètres) n'est pas un obstacle, car le sentier d'accès n'impose qu'un dénivelé de moins de 300 mètres. Si vous faites l'ascension à l'automne, vous aurez l'impression de parcourir une galerie de couleurs. Vous avancerez sur un tapis de feuilles multicolores annonçant les teintes prochaines des feuilles qui tardent à tomber. Une douce montée.

Une fois au sommet, vous observerez, depuis le petit belvédère rouge, ou même grâce aux points de vue qui balisent le sentier, le rythme caractéristique des Appalaches. Ici, comme tout au long de leur épopée, elles sont constituées d'une série de longues vagues parallèles où quelques crêtes semblent vouloir se faire remarquer davantage. Entre celles-ci, des rivières se sont faufilées afin de drainer tant bien que mal le territoire. Parmi elles, la rivière Noire Nord-Ouest (c'est son nom !) a permis aux draveurs d'acheminer, au fil de ses nombreux méandres, de bonnes quantités de billots tirés de cette région forestière.

Le belvédère permet de voir loin et dans toutes les directions. Pas surprenant qu'il ait longtemps servi de poste de surveillance des feux de forêt du secteur. Vers le sud-est, derrière des reliefs plus modestes, le lac Frontière annonce la proximité du pays voisin. Au-delà, par temps clair, on peut apercevoir le mont Katahdin, le plus haut sommet du Maine, culminant à plus de 1 600 mètres. Vers le nord-ouest, avec de bonnes jumelles, vous apercevrez l'église de Sainte-Apolline, d'un style composite assez original.

Le mont Sugar Loaf fait partie du circuit des sentiers pédestres du parc régional des Appalaches, un réseau de plus de 100 kilomètres qui traverse ou côtoie des phénomènes géographiques d'une grande diversité : chutes, cascades, rapides, méandres, tourbières, eskers, de même qu'une faune et une flore dignes de la diversité appalachienne. Passerelles, ponts suspendus et panneaux d'interprétation balisent les sentiers.

?

Comment s'y rendre

De Montmagny, prendre la route 283 jusqu'à Saint-Fabien-de-Panet, puis la route 204 jusqu'à Sainte-Lucie-de-Beauregard. De là, retournez vers le nord par la route des Chutes jusqu'à l'indication « Langue de chatte ». Du stationnement, un sentier de 3 km vous mènera au sommet du Sugar Loaf.

1. Trois fonctions bien annoncées. **2, 4.** Vu du ciel, le petit point rouge ; c'est le belvédère. **3, 5, 7, 8.** Un belvédère et des sentiers en intimité avec la forêt. **6, 9.** Vers le nord, vers le sud, paysages typiques des Appalaches.

3

MONT SUGAR LOAF-----LE MONT SUGAR LOAF-----LE MONT SUGAR LOAF-----LE MONT SUGAR LOAF-----LE MONT SUGAR LOAF-----

4

5

6

9

7 8

1

2

-LE BELVÉDÈRE DES ANCIENS CANADIENS-----LE BELVÉDÈRE DES ANCIENS CANADIENS-----LE BELVÉDÈRE DES ANCIENS CAN

4

3

60

LE BELVÉDÈRE DES ANCIENS CANADIENS

SAINT-JEAN-PORT-JOLI

Il suffit de gravir une centaine de marches pour découvrir, à peu de chose près, le même paysage qui attendait, au milieu du XVIIIe siècle, les voyageurs venant du sud à l'approche du Saint-Laurent, derrière Saint-Jean-Port-Joli. Cela jusqu'à ce que les troupes anglaises mettent le feu au manoir de Philippe Aubert de Gaspé et à quatre-vingts fermes du pays de Kamouraska, sous les ordres du gradé anglais Robert Monkton, responsable de la déportation des Acadiens. Et pourtant, la toponymie du Québec et du Nouveau-Brunswick commémore ce sinistre personnage !

Du belvédère aménagé au bord de la route 132, on aperçoit dans son écrin de verdure le domaine sur lequel le seigneur Pierre Aubert de Gaspé (ou sa veuve Madeleine Angélique Legardeur de Tilly) fit construire un manoir entre 1730 et 1740. Après bien des péripéties judiciaires, en 1842, son fils Philippe Aubert de Gaspé – grand chroniqueur et mémorialiste du régime britannique – devint à son tour seigneur de Saint-Jean-Port-Joli et habita sporadiquement le manoir. C'est d'ailleurs là qu'il écrivit son œuvre majeure, *Les Anciens Canadiens*. Cet ouvrage, à la fois roman de mœurs et roman historique sur la société québécoise à l'époque de la Conquête de 1760, est un classique incontournable de la littérature québécoise.

Cette belle demeure, reconstruite au lendemain de la Conquête, est la proie des flammes au printemps 1909. Il faudra l'intervention d'un groupe de citoyens conscients de l'importance de ce lieu de mémoire pour le ramener à la vie. En 1987, un *Musée de la mémoire vivante* voit le jour ; dix ans plus tard, une réplique du manoir est mise en chantier. Depuis 2008, le musée est donc logé dans un édifice dont l'aspect extérieur respecte scrupuleusement l'apparence de la célèbre demeure.

Le nom du belvédère ne pouvait être mieux choisi : il reprend, on l'aura compris, le titre de l'œuvre maîtresse de Philippe Aubert de Gaspé. L'importance historique et littéraire du domaine, valorisant le patrimoine immatériel contenu dans le livre, ainsi que son environnement géographique harmonieux (Appalaches, fleuve et Bouclier canadien) méritaient bien un belvédère pour nous en faire profiter.

?

Comment s'y rendre

Rien de plus simple : le belvédère et le manoir sont situés au bord de la route 132, un peu plus de 3 km après le village de Trois-Saumons.

1, 3. À peine quelques marches pour découvrir grand. **2.** Petite oasis agricole. **4.** Le manoir Philippe Aubert de Gaspé sur fond de fleuve et de Bouclier.

LE BELVÉDÈRE DE LA CROIX-----LA MONTAGNE À COTON-----LE BELVÉDÈRE DU FAUCON-----LES BELVÉDÈRES DE LA SEBKA---

LIEU-----LA CROIX DE SAINT-FABIEN-----LE BELVÉDÈRE RAOUL-ROY-----LE PIC CHAMPLAIN-----LE BELVÉDÈRE DE SAINT-NARCI

VÉDÈRE DU PARC DES CHUTES-----LE SENTIER DES PASSEREAUX-----LE BELVÉDÈRE DE LA MONTAGNE-À-FOURNEAU-----LE B

LE BAS-SAINT-LAURENT

LES PORTES DE L'ENFER-----LE BELVÉDÈRE BEAULIEU-----LE BELVÉDÈRE DE LA CROIX-----LA MONTAGNE À COTON-----LE BELV

Dans cette région bien nommée, le Saint-Laurent tient une place prépondérante. Où que l'on soit, on n'est jamais loin de sa majesté. Rien d'étonnant à ce que la majorité des belvédères ici lui réservent « la place du maître ». Un maître-fleuve qui, en aval de Québec, amorce sa métamorphose pour devenir estuaire puis golfe. Ce n'est que beaucoup plus loin qu'il se jettera dans la mer. En attendant, il règne.

Contrairement à la rive nord où les montagnes du Bouclier canadien plongent directement dans le fleuve, le littoral opposé ménage une transition relativement douce entre les crêtes appalachiennes et le pays maritime. Aux abords du fleuve, les derniers plis se fragmentent en cabourons, ces collines allongées qui parsèment la plaine de Kamouraska. Plus près du fleuve, les monticules partiellement ennoyés deviennent presqu'îles. Déjà dans l'eau, des îles. Dans tous les cas, elles sont orientées dans le même axe : celui des Appalaches.

Cette métamorphose du relief à l'approche de l'eau contribue à la douceur des paysages. N'a-t-on pas surnommé cette région « le doux pays » ? Les quelques belvédères que présente ce chapitre en illustrent divers aspects, depuis la splendeur du grand fleuve jusqu'aux entrailles de la montagne. Entre les spectaculaires balcons suspendus au-dessus de la sérénité maritime et les sentiers qui s'enfoncent dans des canyons profonds où rugissent les torrents, des belvédères se contentent de présenter modestement une campagne paisible. Du haut de quelques cabourons, ils permettent d'observer la manière géométrique dont le cadastre délimite les champs. Leurs couleurs témoignent de la variété de leur production. Une belle courtepointe territoriale, représentative des coutumes artisanales de la région.

61

LE BELVÉDÈRE DE LA CROIX

SAINT-PACÔME

1

LE BELVÉDÈRE DE LA CROIX-----LE BELVÉDÈRE DE LA CROIX-----LE BELVÉDÈRE DE LA CROIX-----LE BELVÉDÈRE DE LA CROIX

Saint-Pacôme est la *capitale québécoise du roman policier*. Pas grand-chose à voir avec le belvédère, direz-vous, mais il vaut la peine d'en dire deux mots. Les villages du Québec ne peuvent pas tous prétendre au titre de « capitale ». L'histoire débute en 1997 avec la publication d'un roman policier de Jean-Pierre Davidts intitulé *Le monstre de Saint-Pacôme*. En 2000, Maurice Gagnon, natif de Saint-Pacôme, publie à son tour *Seul l'assassin a le droit de mentir*. Il n'en fallait pas plus pour que le pâcomien Jean Pettigrew se spécialise dans l'édition de polars ! De cette convergence d'attirances pour le genre littéraire le plus lu au Québec allait naître la *Société du Roman policier de Saint-Pacôme*, décernant chaque année un prix littéraire au meilleur roman policier francophone québécois.

Y aurait-il incompatibilité entre le doux paysage se déployant en contrebas du belvédère de la croix de Saint-Pacôme et la vocation policière du village ? Pas si l'on pense au célèbre roman d'Anne Hébert, *Kamouraska*, dans lequel brutalité, infidélités, scandale et meurtre ont pour théâtre la paisible contrée de Kamouraska, située en territoire bas-laurentien.

La nature serait-elle plus sereine que l'être humain ? Si vous le croyez, rendez-vous à la croix de Saint-Pacôme. Vous y dominerez une plaine sage comme une image qui dégage toute la sérénité dont un paysage est capable – impression renforcée par la présence d'énergiques montagnes au nord et au sud. Les paresseux méandres de la rivière Ouelle viennent confirmer cette quiétude naturelle ; on prête à l'eau de grandes vertus apaisantes, tout comme à la musique d'ailleurs. Ne cherchons plus à connaître la source d'inspiration du musicien André Gagnon, enfant de Saint-Pacôme.

Par sa position sur le dernier balcon des Appalaches, faisant face au fleuve et à la plaine de Kamouraska, le belvédère donne à voir une vingtaine de clochers répartis de part et d'autre du fleuve ; autant de signes des communautés qui ont constitué la trame géographique du pays.

On a eu la bonne idée de dégager, devant le belvédère, des pistes skiables qui, sans la panoplie d'aménagements sophistiqués qui caractérisent les grands centres de ski, permettent tout de même de goûter aux qualités du paysage dans une atmosphère conviviale.

Et la croix ? À la suite de l'épidémie de choléra et de typhus qui frappa la région dans les années 1850, le curé de Rivière-Ouelle faisait ériger cette croix afin de conjurer le mauvais sort. Il semble avoir gagné son pari.

?

Comment s'y rendre

Une fois à Saint-Pacôme, tournez sur la rue Galarneau arrivé à l'église. Prenez la deuxième rue à gauche, soit la côte Norbert. La croix se trouve au sommet.

1. Une pente de ski face à un paysage serein. 2. Vue sur le doux pays de Kamouraska. 3. Croix et belvédère, un mariage fréquent.

BELVÉDÈRE DE LA CROIX-----LE BELVÉDÈRE DE LA CROIX-----LE BELVÉDÈRE DE LA CROIX-----LE BELVÉDÈRE DE LA CROIX-----

1

-LA MONTAGNE À COTON-----LA MONTAGNE À COTON-----LA MONTAGNE À COTON-----LA MONTAGNE À COTON-----LA MONTAGNE

3

2

62

LA MONTAGNE À COTON

SAINT-PASCAL

-----LA MONTAGNE À COTON-----LA MONTAGNE À COTON-----LA MONTAGNE À COTON-----LA MONTAGNE À COTON-----LA MONTAGN

La région de Kamouraska a été surnommée *le doux pays*. Et pour cause. C'est un *pays*, au sens premier du terme, « un territoire partagé » par des gens qui ont beaucoup en commun. Ce pays est *doux* par ses reliefs sages, mais aussi par l'équilibre qu'une intervention humaine discrète a su établir avec l'environnement naturel. Une heureuse interaction qui apparaît clairement lorsqu'on observe le paysage depuis une certaine hauteur, notamment du belvédère de la montagne à Coton.

L'altitude est modeste, mais le dénivelé de 150 mètres de ce sentier long de 800 exige un effort bien raisonnable pour découvrir le pays depuis pas moins de six belvédères. Autant de vues sur la région permettant d'en saisir l'harmonie.

Le village de Saint-Pascal trône au milieu de terres agricoles rigoureusement géométriques, parsemées de cabourons allongés parallèlement au fleuve. Ces collines longilignes annoncent en quelque sorte les îles du Saint-Laurent. Les unes et les autres sont parallèles aux Appalaches, dans la direction sud-ouest–nord-est. L'île aux Corneilles, l'île Brûlée, l'île de la Providence et l'île aux Patins s'étirent en file indienne devant le beau village de Kamouraska. L'hiver permet de bien voir cette continuité topographique : les cabourons apparaissent alors telles des îles dans une mer de neige, tout comme leurs sœurs ponctuent le bleu du fleuve. En fond de scène, les montagnes de Charlevoix.

En contrebas, l'église de Saint-Pascal-de-Kamouraska évoque le souvenir du père Coton et de sa chapelle érigée au sommet de la colline, devenue rapidement une sérieuse concurrente au culte officiel. Il faut dire qu'en plus d'encourager la dévotion à la Vierge Marie, il avait semble-t-il beaucoup d'égards pour ses dévotes admiratrices. Le curé en prit ombrage et l'expulsa de sa paroisse en 1874. Dans la région, tout le monde connaît les péripéties de ce personnage légendaire dont la blanche tenue vestimentaire lui valut son surnom. Ce fut un père blanc bien particulier .

?

Comment s'y rendre

Immédiatement au nord de Saint-Pascal, le rang 2 qui longe l'autoroute Jean-Lesage (20) vers l'est mène, à moins de 1 km, à un stationnement d'où part le sentier menant au sommet de la montagne à Coton, après 800 m.

1. L'entrée en matière. **2, 3, 6.** Le doux pays de Kamouraska, ses cabourons et ses îles.
4, 5. Au sommet du cabouron.

4

6

5

-----LA MONTAGNE À COTON-----LA MONTAGNE À COTON-----LA MONTAGNE À COTON-----LA MONTAGNE À COTON-----LA MONTAGN

63

LE BELVÉDÈRE DU FAUCON

SAINT-GERMAIN

1

De tout temps, l'homme a voulu être oiseau, pour se libérer de ses attaches terrestres, mais aussi pour contempler de là-haut la synthèse des multiples éléments qui composent son pays. Peut-être avez-vous vu *Le peuple migrateur*, un film qui présente ce que voient les oies blanches, ces grands voyageurs du ciel. C'était reprendre, dans un contexte réel, ce que la mythologie grecque avait imaginé avec la légende d'Icare, mais sans sa triste conclusion. Un appareil photo fixé à des oies offre davantage de garanties de réussite que l'idée de se munir d'ailes de cire pour voler très haut. Ce stratagème avait valu à Icare, volant trop près du soleil, de perdre son moyen de sustentation et de chuter vers la terre qu'il avait voulu fuir.

Il y a un moyen moins risqué de prendre de l'altitude ; il suffit de fréquenter les belvédères. C'est ce que propose ce livre. Les panoramas qu'ils permettent d'observer sont d'une richesse et d'une variété auxquelles les Québécois et les visiteurs de l'extérieur sont de plus en plus sensibles. On assiste même à la naissance d'une préoccupation architecturale visant à caractériser ces hauts lieux de l'observation géographique.

Dans cet esprit, l'aménagement de deux belvédères illustre la grande imagination de leurs concepteurs, qui ont donné à ces observatoires une forme représentative d'une des caractéristiques de la région. Voyez le *belvédère de la Vache,* à Saint-Georges-de-Windsor (n° 38). Le belvédère du Faucon procède d'une même idée. Les reliefs qui bordent la rive sud du Saint-Laurent sont fréquentés par de nombreux oiseaux de proie qui affectionnent les parois abruptes depuis lesquelles ils peuvent épier leurs prochaines victimes. Quelques belvédères permettent de les observer, dont celui du Faucon auquel les constructeurs ont donné, avec beaucoup d'à-propos, la forme d'un faucon. Une allusion architecturale réussie qui, souhaitons-le, fera peut-être école.

En observant ce que voit le faucon, on notera les éléments du relief qui composent le doux pays de Kamouraska : une plaine ponctuée de cabourons, un littoral découpé en une série de pointes, d'anses et de presqu'îles avec, devant, des îles filiformes. Autant d'éléments constants dont l'orientation fait de la région un pays axial.

?

Comment s'y rendre

Saint-Germain est situé entre la route 132 et l'autoroute Jean-Lesage (20) à quelque 5 km à l'est de Kamouraska. Sur le chemin Mississipi qui part du village en direction nord-est, vous verrez l'annonce du sentier *Le Cabouron* qui mène au belvédère du Faucon.

1, 6. Sous l'aile du faucon, on voit ce qu'il voit. **2.** Vers le faucon, par un itinéraire différent du sien.
3, 4, 5. Géométrie et linéarité du doux pays de Kamouraska.

2

ÉDÈRE DU FAUCON-----LE BELVÉDÈRE DU FAUCON-----LE BELVÉDÈRE DU FAUCON-----LE BELVÉDÈRE DU FAUCON-----LE BELV

3

4

-LE BELVÉDÈRE DU FAUCON-----LE BELVÉDÈRE DU FAUCON-----LE BELVÉDÈRE DU FAUCON-----LE BELVÉDÈRE DU FAUCON----

5

ÈDÈRE DU FAUCON-----LE BELVÉDÈRE DU FAUCON-----LE BELVÉDÈRE DU FAUCON-----LE BELVÉDÈRE DU FAUCON-----LE BELV

1

-LES BELVÉDÈRES DE LA SEBKA-----LES BELVÉDÈRES DE LA SEBKA-----LES BELVÉDÈRES DE LA SEBKA-----LES BELVÉDÈRES

2

64

LES BELVÉDÈRES DE LA SEBKA

SAINT-ANDRÉ

EBKA-----LES BELVÉDÈRES DE LA SEBKA-----LES BELVÉDÈRES DE LA SEBKA-----LES BELVÉDÈRES DE LA SEBKA-----LES BELV

Si vous cherchez dans un dictionnaire la signification de *sebka*, vous vous éloignerez considérablement du belvédère dont il est ici question. Une sebka peut être une dépression salée en milieu désertique comme elle peut être ce type d'ornement architectural d'un grand raffinement qui fait la beauté de l'Alhambra de Grenade. Écrite en lettres majuscules, car c'est un acronyme, la SEBKA désigne une réalité bien de chez nous, au *doux pays de Kamouraska* : c'est la *Société écologique de la batture du Kamouraska.*

Dédiée à l'étude et à la diffusion de la connaissance des battures et des ingénieux travaux que les gens d'ici ont réalisés pour protéger leurs prés salés – les *aboiteaux* –, la SEBKA a vu grand. Elle a aménagé des belvédères qui permettent des vues sur le large complexe littoral du Kamouraska. Car ici, le mariage des Appalaches et du Saint-Laurent se fait de façon originale et, pourrait-on dire, très pédagogique.

En effet, le spectacle qu'offrent les belvédères de la SEBKA permet de comprendre comment les derniers plis des Appalaches, rigoureusement orientés sud-ouest–nord-est, se noient progressivement dans les eaux de l'estuaire. Ils forment ainsi un paysage fait d'îles, de presqu'îles et de longs alignements rocheux respectant tous la direction générale des Appalaches qui, depuis l'Alabama, se poursuivent jusqu'en Gaspésie et même au-delà. Ce paysage offre le rare avantage de donner à voir, en un coup d'œil, les différentes étapes du retrait de la mer qui recouvrait le Québec à la fin de la période glaciaire, il y a quelque douze mille ans. Ici encore, une véritable leçon de géographie offerte par le Créateur, quel qu'il soit.

La SEBKA accueille autant les sportifs que les amants de la nature, en offrant des parois d'escalade où les apprentis alpinistes trouveront de quoi développer leurs techniques.

?

Comment s'y rendre

Le poste d'accueil de la SEBKA est situé à 3 km à l'ouest du village de Saint-André. On vous y donnera les indications pour les deux sites de cet organisme.

1, 5. Îles, presqu'îles et cabourons : les repères du Kamouoraska. **2.** Et vous, vous oseriez escalader cette paroi ? **3, 4.** Deux des points de vue de la SEBKA pour découvrir le Kamouraska.

3

-LES BELVÉDÈRES DE LA SEBKA-----LES BELVÉDÈRES DE LA SEBKA-----LES BELVÉDÈRES DE LA SEBKA-----LES BELVÉDÈRES

5

4

EBKA-----LES BELVÉDÈRES DE LA SEBKA-----LES BELVÉDÈRES DE LA SEBKA-----LES BELVÉDÈRES DE LA SEBKA-----LES BELV

65

LE BELVÉDÈRE DU PARC DES CHUTES

RIVIÈRE-DU-LOUP

1

On peut observer les différents aspects des chutes de la rivière du Loup à partir de trois points de vue successifs reliés par des escaliers totalisant 170 marches. Chacun est accessible en voiture et possède un stationnement. Le plus élevé des belvédères a été aménagé au sommet de la chute, sur le barrage qui alimente la centrale électrique, encore en activité.

C'est du stationnement d'en bas, où sont disposées des tables à pique-nique, qu'on peut le mieux mesurer la hauteur des chutes (33 mètres) et le travail de la rivière qui, en creusant son lit dans les derniers plis des Appalaches, a mis à nu des couches de roches sédimentaires y formant une paroi verticale : un plaisir pour les géologues. De là, on accède à une passerelle d'où l'on peut admirer l'ensemble de ce complexe paysager. Des panneaux d'interprétation y parlent de géologie et d'hydroélectricité.

Outre ses sentiers de randonnée pédestre totalisant près de dix kilomètres, le parc, ouvert toute l'année, comprend aussi un belvédère au parc de la Croix. Devant un vaste arrière-plan fait de mer, d'îles et de montagnes (le Saint-Laurent, l'île aux Lièvres, les Pèlerins et le Charlevoix) se dégage une vue plongeante sur Rivière-du-Loup. De là, on observera que le chemin de fer passe en plein cœur de la ville, de quoi évoquer l'époque où il amenait, durant la saison chaude, la haute société de Montréal, d'Ottawa et même des États-Unis. Les vacanciers venaient y chercher repos et, peut-être, inspiration. Ministres, juges, hauts fonctionnaires et consuls ont, de ce fait, doté la ville de luxueuses demeures, tout particulièrement dans le secteur résidentiel de Saint-Patrice ; elles constituent une contribution significative au patrimoine architectural de Rivière-du-Loup.

Dans un écrin de verdure, le parc des Chutes concilie avec bonheur le vacarme des chutes et la sérénité du parc de la Croix. Il bénéficie aussi d'une heureuse initiative : il est habité par d'intéressantes sculptures de la collection du Musée du Bas-Saint-Laurent.

?

Comment s'y rendre

En venant de l'ouest, on quitte l'autoroute à la sortie 503, on suit le boulevard de l'Hôtel-de-Ville jusqu'à la rue Lafontaine, que l'on prend à droite jusqu'à l'indication du parc des Chutes.

1. Le dernier saut de la rivière du Loup. **2.** Sous la protection de la croix, comme tant de villes et villages. **3.** La passerelle d'où une belle vue se dégage sur la chute.

ÉDÈRE DU PARC DES CHUTES-----LE BELVÉDÈRE DU PARC DES CHUTES-----LE BELVÉDÈRE DU PARC DES CHUTES-----LE BELV

1

3

2

66

LE SENTIER DES PASSEREAUX

CACOUNA

----LE SENTIER DES PASSEREAUX-----LE SENTIER DES PASSEREAUX-----LE SENTIER DES PASSEREAUX-----LE SENTIER DES PAS

La plupart des belvédères rendent hommage à la verticalité. L'altitude, le relief local, les vues plongeantes, le caractère acrobatique du sentier d'accès, divers éléments font la fortune des observatoires. Pourtant, l'horizontalité a aussi ses vertus : l'immensité des espaces, l'ouverture des panoramas, l'horizon infini, des littoraux qui soulignent discrètement les rivages des fleuves et des rivières qui coulent à fleur de plaine.

Le sentier des Passereaux et les belvédères qui en rythment le parcours le long de ses 3 kilomètres permettent d'apprécier cette dimension horizontale des paysages, sans doute moins spectaculaire, mais fort représentative du pays qu'elle caractérise. La plaine du Saint-Laurent, dont le fleuve est l'artère vitale, est comme celui-ci un pays horizontal. De part et d'autre du fleuve, et surtout sur sa rive sud, les battures – terrain de jeu des marées – se prolongent en de larges estrans.

Celui qui prendrait plaisir à les photographier chaque année remarquerait que le nombre et la disposition des roches qui les encombrent varient considérablement d'une année à l'autre. L'explication en est que ce matériel rocheux est transporté par les glaces flottantes qui, l'hiver, le prennent en charge à marée haute, le déplacent et l'abandonnent à marée basse. Le Saint-Laurent, par les bancs de glace qu'il véhicule, est un colporteur de roches.

Après avoir traversé des peuplements forestiers arrivés à maturité, le sentier mène à une tour d'observation permettant, à 80 mètres d'altitude, d'observer l'habitat d'une population aviaire riche de plus de deux cent cinquante espèces. En effet, les estrans constituent des espaces qu'une grande quantité d'oiseaux ont plaisir à fréquenter : ils y trouvent de quoi se nourrir et folâtrer.

Du sommet de la colline, on aperçoit au nord-ouest le pays de Charlevoix, au sud-est les Appalaches, au sud-ouest l'archipel des Pèlerins et au nord-est les caps du Bic. Ce panorama illustre clairement la géographie du Québec. Celui-ci compte essentiellement deux régions montagneuses dont l'une, les Appalaches, constitue une *chaîne* de reliefs bien alignés, et l'autre, le Bouclier canadien, un ensemble de massifs sans direction dominante. Deux régions nettement séparées par le Saint-Laurent.

?

Comment s'y rendre

Le sentier des Passereaux est accessible par le chemin de la Rivière-des-Vases, à Cacouna, auquel on accède par la route 132. Après 2 km, vous trouvez un stationnement d'où part le sentier.

1. Un tout petit observatoire pour découvrir un large panorama. **2.** Parmi les pins. **3, 5.** Les battures et l'île Verte. **4, 6.** Vers l'intérieur, la prolongation du doux pays de Kamouraska.

4

5

--LE SENTIER DES PASSEREAUX-----LE SENTIER DES PASSEREAUX-----LE SENTIER DES PASSEREAUX-----LE SENTIER DES PASS

6

----LE SENTIER DES PASSEREAUX-----LE SENTIER DES PASSEREAUX-----LE SENTIER DES PASSEREAUX-----LE SENTIER DES PA

67

LE BELVÉDÈRE DE LA MONTAGNE-À-FOURNEAU

SAINT-MICHEL-DE-SQUATEC

1

Un des fleurons du Québec est incontestablement son réseau de parcs, géré par la SÉPAQ. Encouragée par l'excellente réponse populaire aux sites et aux activités qu'elle propose, elle conçoit des aménagements aptes à promouvoir chez les Québécois autant que chez les visiteurs étrangers l'amour du pays, de ses paysages et de la géo-histoire dont ils sont le reflet.

Actuellement en cours de réalisation, le projet de *parc national du Lac-Témiscouata* vise à protéger un patrimoine végétal d'une grande richesse. Parmi les centaines d'espèces de plantes qui garnissent le secteur, une forêt de pins rouges y est demeurée intacte grâce à des conditions climatiques exceptionnelles. La rareté des feux de forêts au cours des dernières décennies a aussi contribué à la conservation de ces arbres de belle prestance, bien qu'ils soient exposés au sud-ouest et à l'action desséchante du soleil. Ils méritaient protection.

Dès 2012, les amants de la nature pourront cheminer par des sentiers que les aiguilles de pin ont tapissés de jaune, traverser une forêt centenaire et des sous-bois d'une grande propreté. On y trouve dans un heureux amalgame pins rouges, pins blancs, bouleaux jaunes et sapins.

Un des sentiers mène, après une dizaine de kilomètres, à la montagne à Fourneau, culminant à 380 mètres. Un belvédère y a été aménagé. Il domine le lac Témiscouata, s'étirant au loin dans un écrin de verdure découpé par une série d'anses et de pointes sur près de quarante kilomètres. Ce majestueux plan d'eau, le deuxième en importance au sud du Saint-Laurent, verra, grâce à la création du parc, ses rives protégées sur près de la moitié de sa longueur. Heureuse initiative, car ces paysages sont représentatifs de la région naturelle des monts Notre-Dame dont la faune est riche d'une grande quantité et d'une bonne variété de mammifères, de reptiles et d'oiseaux.

Placez le parc national du Lac-Témiscouata, dernier-né du réseau de parcs nationaux du Québec, sur votre liste des belvédères qu'il faut avoir visités pour bien apprécier la variété et la richesse de notre patrimoine paysager.

?

Comment s'y rendre

Au moment de l'édition de ce livre, la route pour s'y rendre n'était pas encore ouverte. Prière de s'informer sur le site Internet de la Sépaq.

1, 3. Le lac Témiscouata qui longe le nouveau parc. **2.** La splendide pinède du parc.

2

GNE-À-FOURNEAU-----LE BELVÉDÈRE DE LA MONTAGNE-À-FOURNEAU-----LE BELVÉDÈRE DE LA MONTAGNE-À-FOURNEAU-----

3

-LE BELVÉDÈRE BEAULIEU-----LE BELVÉDÈRE BEAULIEU-----LE BELVÉDÈRE BEAULIEU-----LE BELVÉDÈRE BEAULIEU-----LE B

1

68

LE BELVÉDÈRE BEAULIEU

SAINT-SIMON

Le belvédère Beaulieu remplit la promesse de cet ouvrage : *couper le souffle*. Non pas qu'il faille investir un très gros effort pour y parvenir, mais surplomber l'immensité bleue du fleuve (de la mer, devrait-on dire) fait généralement grande impression. L'aménagement de ce belvédère place le visiteur sur une saillie surplombant le vide et lui confère une position de domination sur une nature puissante ; le panorama est saisissant.

Que voit-on de là-haut ? De l'eau, rien que de l'eau, ou presque. Pourtant, il y a là de quoi rêver et réfléchir à la relativité des choses. Un fleuve large de trente kilomètres devant nous et de cent en aval est-il encore un fleuve ? Un estuaire sans doute, mais dans le langage populaire, c'est déjà la mer. De ce fait, les affluents du Saint-Laurent seraient-ils donc des fleuves ? Ils en ont en tout cas la dimension. La rivière des Outaouais est sensiblement plus longue que la Loire, le plus long fleuve de France. La source du Saguenay est aussi éloignée du fleuve que la source de la Seine l'est de l'Atlantique. La Veules, le plus court fleuve de France, fait à peine un kilomètre...

La différence entre fleuves et rivières n'est pas une question de dimension. Les premiers aboutissent directement à la mer alors que les secondes se jettent dans d'autres cours d'eau, quelle que soit leur dimension. Ainsi, le Québec ne possède qu'un fleuve : le Saint-Laurent, cette *Grande porte de l'Amérique*, ce *Prince des fleuves* que les Indiens appelaient *le chemin qui marche*, que Jacques Cartier nommait *le Grand fleuve d'Hochelaga*, puis *Grande rivière de Canada* et qu'un film de Frédéric Back a intitulé *Le fleuve aux grandes eaux*.

C'est grâce à la générosité de la famille Beaulieu que l'on peut avoir accès à cette série de belvédères aménagés par la MRC des Basques. Ceux-ci, s'échelonnant au haut des falaises du *littoral Basque*, permettent d'admirer la magnificence de notre fleuve-mer. Ces mécènes ont mis leur chemin privé à la disposition des visiteurs qui, tout comme eux, peuvent s'installer aux premières loges du spectacle pour y lire ou rêver.

?

Comment s'y rendre

À la sortie du village de Saint-Simon, sur la route 132, la route de la Grève croise un chemin qui, vers la droite, mène à un stationnement quelque 7 km plus loin. De là, vous cheminez à pied sur une route privée qui mène, après 3 km, au belvédère Beaulieu.

1, 2. Un des plus beaux balcons surplombant le Saint-Laurent.

69

LA CROIX DE SAINT-FABIEN

SAINT-FABIEN

1

Le village de Saint-Fabien est avantageusement situé entre les deux derniers plis des Appalaches, ainsi protégé des vents de l'estuaire par la série de sommets qui s'étendent de Trois-Pistoles jusqu'au Bic. Immédiatement à l'ouest, une colline allongée dans le sens sud-ouest–nord-est, conformément à l'ensemble du relief appalachien, domine le village d'une hauteur de 75 mètres.

Comme c'est le cas de nombreux villages québécois, les paroissiens de Saint-Fabien ont voulu mettre le leur sous le regard protecteur d'une croix. La colline offrant une vue bien dégagée sur le village et les montagnes du Bic, on l'a choisie comme site. En 1968, on a voulu remplacer l'ancienne croix de bois par une plus grande, en métal. On a donc dû creuser le roc pour donner des assises solides au nouveau monument. On constata alors la justesse d'un adage que déplorent les chercheurs d'or mais qui réjouit les scientifiques : *ce n'est pas parce qu'on cherche qu'on trouve.*

L'excavation apporta une surprise : on découvrit dans la roche des traces de plomb, de cuivre, de zinc et de barytine. Il est vrai que l'on connaissait la présence de ces minéraux dans la région depuis la fin du XIXe siècle. Mais la redécouverte d'un gisement de barytine, métal peu répandu au Québec (la seule autre mine de quelque importance se trouve à Upton, en Montérégie), incita quelques financiers et industriels à en faire l'exploitation. La mine n'est plus active, mais on peut en visiter des vestiges. Le circuit d'interprétation Barytine Saint-Fabien permet d'en savoir un peu plus sur la brève épopée minière de ce village traditionnellement voué à l'agriculture.

Autour de la mine et de la croix, des sentiers et un belvédère offrent des vues intéressantes sur le complexe harmonieux que forment les champs en culture et leur découpage géométrique, les pâturages, le village, les collines boisées et, entre les pics, l'estuaire du Saint-Laurent. Des panneaux d'interprétation, installés le long du parcours, viennent compléter le ravissement esthétique par des éléments d'information instructifs.

?

Comment s'y rendre

À l'ouest du village de Saint-Fabien situé à 20 km à l'ouest de Rimouski, empruntez le 1er Rang Ouest sur 1 km, puis le chemin de la Mine. Après la deuxième courbe, un court sentier mène à la croix.

1. Saint-Fabien, terre d'élevage. **2.** L'entrée de la mine. **3.** Le village de Saint-Fabien, une des portes de la merveilleuse région du Bic.

2

3

1

--LE BELVÉDÈRE RAOUL-ROY-----LE BELVÉDÈRE RAOUL-ROY-----LE BELVÉDÈRE RAOUL-ROY-----LE BELVÉDÈRE RAOUL-ROY-----

3

2

70

LE BELVÉDÈRE RAOUL-ROY

PARC NATIONAL DU BIC

DÈRE RAOUL-ROY-----LE BELVÉDÈRE RAOUL-ROY-----LE BELVÉDÈRE RAOUL-ROY-----LE BELVÉDÈRE RAOUL-ROY-----LE BELVÉD

De ce belvédère, on a une vue spectaculaire sur les caps du Bic plongeant abruptement dans le fleuve, qui à cet endroit est déjà la mer. Si l'on jette le regard derrière soi, côté terre, on aperçoit, s'étirant entre les deux derniers plis des Appalaches, le village de Saint-Fabien. Ce dernier a vu naître le chansonnier folkloriste Raoul Roy qui, comme Vigneault, Charlebois, Calvé et Gauthier, a chanté le Saint-Laurent. L'enfant du pays méritait bien que l'on baptise un kiosque à son nom, celui d'où l'on aperçoit, en contrebas, le site de la boîte à chansons *Le Pirate*. Nombre de chanteurs québécois y ont mêlé leur voix à l'air marin.

Situé sur le versant ouest de l'incontournable pic Champlain, le belvédère Raoul-Roy donne un avant-goût de l'impressionnant panorama qui se déploie du sommet du parc. Du haut de ses 150 mètres, on peut déjà admirer le spectacle des Appalaches qui s'enfoncent dans le Saint-Laurent en proposant une concentration de formes littorales qui font le bonheur des géomorphologues : îles, presqu'îles, estrans, marais salés, caps, falaises et tombolos. C'est comme l'écho amplifié du doux pays du Kamouraska où les belvédères de *la montagne à Coton,* de *la Croix de Saint-Pacôme* et de la *SEBKA* illustrent calmement comment la montagne se marie à la mer.

Deux îles visibles du belvédère retiennent l'attention : l'île du Bic et l'île Bicquette. Le nom de la première ne fait pas mystère, car on sait, par ses écrits, que Champlain avait havré au pied du *Pic*. Quant à sa petite sœur, l'île Bicquette, elle fut livrée à l'imagination des marins qui l'ont successivement baptisée *Le Bicquet*, *l'île d'Aplomb*, *l'île Bicquotte*, *l'île à la Fontaine*, *l'île le Germanicus*, *l'île Raquelay* ou encore *l'île du Pic*.

Le belvédère est aussi réputé pour l'observation des oiseaux de proie. Vous avez peine à les distinguer : épervier, faucon, buse à épaulettes, balbuzard pêcheur, busard Saint-Martin, aigle royal et urubu à tête rouge fréquentent les lieux. Consultez le panneau explicatif. Il vous apprendra à reconnaître leurs silhouettes et à comprendre pourquoi, lors de leur migration vers le nord, ils survolent le Bic en direction du sud-ouest. Une halte pédagogique.

?

Comment s'y rendre

Au centre du village de Saint-Fabien, prendre la route vers Saint-Fabien-sur-Mer sur environ 1 km. Un embranchement à droite mène directement au belvédère.

1. Un belvédère bien documenté. 2. Au loin, Saint-Fabien. 3. De quoi apprendre beaucoup sur les oiseaux de proie. 4. L'île du Bic et la montagne à Michaud, deux éléments de la mosaïque du Bic.

71

LE PIC CHAMPLAIN

PARC NATIONAL DU BIC

1

-LE PIC CHAMPLAIN-----LE PIC CHAMPLAIN-----LE PIC CHAMPLAIN-----LE PIC CHAMPLAIN-----LE PIC CHAMPLAIN-----LE PIC CH

Il y a très, très longtemps (en fait, c'était au commencement du monde), le Grand Manitou, après avoir distribué collines et montagnes à la surface de la terre, réalisa qu'il lui en restait quelques-unes dans sa besace, et parmi les plus belles. Il décida d'en faire profiter une région qu'il affectionnait beaucoup. Les Indiens y étaient braves, honnêtes et généreux. Il les récompensa en vidant son sac au-dessus du pays. Depuis lors, pitons, pics, caps et montagnes composent les environs de ce qui aujourd'hui s'appelle Rimouski.

Plusieurs millions d'années plus tard, en 1603, un navigateur saintongeais nommé Samuel de Champlain, passant par là alors qu'il remontait le grand fleuve, remarqua un pic dominant de ses quelque 350 mètres le paysage environnant. Il nota dans son carnet de voyage que l'endroit constituait un repère remarquable pour les navigateurs. L'annotation *Le Pic*, devenue plus tard *Le Bic*, orna dès lors cartes et portulans, escortée d'une enfilade de noms plus pittoresques les uns que les autres : *l'Ilet au Flacon, l'Anse à Capelans*, la *Baie du Ha ! Ha !*, la *Fourche à Louison*, le *Cap à l'Orignal*, la *Baie des Cochons*, *l'Île aux Amours, l'Île du Massacre*, le *Cap Enragé*, la *Montagne du Bûcheron*, le *Chocolat*...

Grâce à l'imagination populaire, chaque indentation du littoral, balayée par les marées ou arrachée à la montagne, a été désignée par un toponyme témoignant de la petite ou de la grande histoire. Ces noms nourrissent la mémoire de ce coin de pays qui a vu passer Jacques Cartier en 1535 cherchant la route des Indes, Samuel de Champlain en 1603 allant fonder une ville, James Wolfe en 1759 allant la conquérir.

Il convient de rêver à tout cela lorsque, du haut du pic Champlain, on admire la succession d'anses et de caps, de baies et de pointes, d'îles et de presqu'îles, de marais et de falaises qui ourlent le littoral. On voit alors que l'histoire et la géographie ont été des complices fertiles pour animer l'esprit des lieux. Afin de protéger et de valoriser cet environnement exceptionnel, le gouvernement y a établi un parc de conservation d'une superficie de plus de 30 km^2, géré par la Sépaq. Le pic Champlain en est le sommet.

?

Comment s'y rendre

Environ 25 km avant Rimouski sur la route 132, le parc annonce son premier accès. À 1 km de l'entrée, une navette motorisée vous amènera au sommet. Deux sentiers y mènent aussi, l'un depuis la route du Cap-à-l'Orignal, l'autre depuis la route de Saint-Fabien-sur-Mer.

1. D'un côté, l'immensité du fleuve. 2. De l'autre, les derniers plis des Appalaches. 3. À leur rencontre : anses, presqu'îles, îles et caps.

2

N-----LE PIC CHAMPLAIN-----LE PIC CHAMPLAIN-----LE PIC CHAMPLAIN-----LE PIC CHAMPLAIN-----LE PIC CHAMPLAIN-----LE P

3

-LE BELVÉDÈRE DE SAINT-NARCISSE-----LE BELVÉDÈRE DE SAINT-NARCISSE-----LE BELVÉDÈRE DE SAINT-NARCISSE-----LE BE

1

72

LE BELVÉDÈRE DE SAINT-NARCISSE

SAINT-NARCISSE-DE-RIMOUSKI

Les belvédères ne sont pas tous des observatoires vertigineux qui dominent des espaces grandioses, ouverts sur des horizons infinis où se déploient des reliefs spectaculaires. Au hasard d'une route s'insinuant nonchalamment dans une campagne mollement ondulée, on peut découvrir des haltes routières qui méritent un arrêt. Ces modestes belvédères sans prétention ont parfois à offrir des leçons intéressantes. Il ne faut pas les bouder. On peut y piqueniquer, s'y reposer, tout en analysant le paysage pour chercher à en comprendre la logique. On peut par exemple s'amuser à énumérer les éléments qui composent une ferme et même tenter d'en évaluer la valeur en se basant sur le nombre et l'importance des silos.

Chaque élément du paysage propose des questions et des réponses. Par exemple, que vous suggère la citerne à lisier sur cette photo ? Sans doute le problème de la pollution liée à l'épandage du lisier de porc. Peut-être aussi l'importance de l'industrie porcine au Québec à laquelle non moins de trois mille huit cents producteurs se consacrent. Ou que le Québec produit chaque année le même nombre de porcs qu'il a d'habitants, ce qui représente des retombées économiques d'environ un milliard et demi de dollars.

Les balles de foin emballées dans des membranes de plastique éveillent-elles quelque souvenir ? Si votre âge vous permet d'avoir mémoire du temps où les ballots de foin n'étaient revêtus d'aucune protection, peut-être aurez-vous entendu des paysans raconter qu'une armée de rongeurs avait rompu toutes les attaches rendant inutilisable leur récolte. Ou que celle-ci était régulièrement tellement maigre qu'on a surnommé leur habitat le *rang Trompe-Souris*.

Pourquoi ne pas profiter d'un arrêt, loin des turbulences de la ville, pour simplement somnoler les yeux ouverts sur le doux équilibre d'un paysage champêtre car, comme l'écrivait Jules Renard, « la campagne se prête à toutes les divagations du rêve ». Ceux qui aiment lire en pleine nature plutôt que sous l'éclairage froid des néons auront plaisir à feuilleter les *Promenades d'un promeneur solitaire* de Jean-Jacques Rousseau, surtout sa septième promenade où il écrit : « *Vivifiée par la nature et revêtue de sa robe de noce, au milieu du cours des eaux et du chant des oiseaux, la terre offre à l'homme, dans l'harmonie des trois règnes, un spectacle plein de vie, d'intérêt et de charme.* »

Le belvédère de Saint-Narcisse vous attend pour quelques moments de rêverie.

?

Comment s'y rendre

À environ 22 km de Rimouski, la route 232 tourne à angle droit vers la droite ; 5 km plus loin, sur la droite, vous verrez un petit pavillon qui fait fonction de belvédère.

1, 2. Une halte devant une ferme typique de la région.

73

LES PORTES DE L'ENFER

SAINT-NARCISSE-DE-RIMOUSKI

1

Point n'est besoin d'avoir beaucoup péché pour descendre aux enfers. Dès que vous aurez amorcé la visite du canyon de la rivière Rimouski, vous brûlerez d'impatience d'en connaître la suite, car d'escarpement en abîme, de cascade en torrent, tout au long de 300 marches à descendre (mais qu'il faudra bien remonter!), le parcours conduit progressivement le visiteur vers un décor qui a quelque chose d'infernal. Ce qualificatif n'est pas gratuit: il évoque à la fois le bruit assourdissant et le danger de l'étroit goulot à travers lequel les draveurs devaient accompagner leur *pitoune*. Leur courageux savoir-faire y était mis à l'épreuve, mais permettait d'alimenter non moins de cinq usines tout au long de la rivière Rimouski.

Que ce soit à partir des trottoirs en bois menant à la chute du Grand Saut, haute de 20 mètres, ou depuis la plus haute passerelle piétonnière du Québec (la plus longue se trouve à Coaticook), suspendue à plus de 60 mètres au-dessus du torrent, les vues plongeantes sur le canyon de la rivière Rimouski sont partout impressionnantes. Au cours d'une longue période géologique, cette rivière venue de la province voisine s'est enfoncée dans les plis sédimentaires des Appalaches, contrairement à la majorité des cours d'eau de la plaine du Saint-Laurent, sans jamais vraiment se reposer. Encaissée sur la presque totalité de son parcours de quelque cent kilomètres, cette fière rivière devient turbulente et même violente là où, sur une longueur de quatre à cinq kilomètres, elle forme le canyon des Portes de l'Enfer.

Au-delà des sensations fortes que procure le grondement des eaux s'engouffrant entre des escarpements vertigineux, hauts de près de 100 mètres et étroitement resserrés, le corps et l'esprit peuvent se détendre devant des panneaux d'interprétation bien présentés. Ils évoquent l'épopée de la drave et de l'industrie forestière qui ont animé la région durant près d'un siècle et demi jusque dans les années 1960. On y traite du castor qui, à sa façon, s'occupe lui aussi de la forêt. Le réseau de 14 kilomètres de sentiers pédestres aménagés dans et autour du canyon permet de découvrir que, paradoxalement, le bruit étourdissant d'un torrent peut aussi porter à la rêverie.

?

Comment s'y rendre

Depuis Rimouski ou de la sortie 610 de l'autoroute 20, suivre la route 232 vers le sud jusqu'au village de Saint-Narcisse. Environ 5 km après Sainte-Blandine, sur la droite, une route mène aux Portes de l'Enfer. C'est bien indiqué.

1, 8. La passerelle, à 60 mètres au-dessus du canyon. **2, 3.** Sections calmes du parcours. **5.** L'enfer n'est pas loin. **4, 6, 7.** Comme l'escalier, une cascade à plusieurs marches.

2

3

4

SENTIER DRAVEUR
PÊCHE À L'ANGUILLE 1.6 km
RETOUR VIA RACCOURCI 1.3 km
DESCENTE AUX ENFERS
300 MARCHES

5

8

6 7

NFER-----LES PORTES DE L'ENFER-----LES PORTES DE L'ENFER-----LES PORTES DE L'ENFER-----LES PORTES DE L'ENFER-----LE

LE MONT SAINT-PIERRE-----LE CAP AUX CORBEAUX-----LE CAP BON AMI-----LE PIC DE L'AURORE-----LE MONT SAINTE-ANNE-----L

ERNEST-LAFORCE-----LE MONT XALIBU-----LE MONT JACQUES-CARTIER-----LE MONT DU PORPHYRE-----LA BUTTE DE LA CROIX

NAVENTURE-----LE MONT SAINT-JOSEPH-----LE BELVÉDÈRE HORIZON DE RÊVE-----LE MONT HOG'S BACK-----LE MONT OLIVINE

L'EST

CAP AUX MEULES------LE MONT SAINT-PIERRE-----LE CAP AUX CORBEAUX-----LE CAP BON AMI-----LE PIC DE L'AURORE-----LE M

A-t-on conscience que le Québec est un pays oblique, un territoire où les orientations sont en diagonale ? Quand on dit « à l'est », cela veut dire « au nord-est » ; quand on dit « au nord », cela veut dire « au nord-ouest ». Le fjord du Saguenay rejoint-il le Saint-Laurent en arrivant du nord ? Pas du tout ! Il arrive de l'ouest. Regardez une carte, vous verrez bien. Prenons acte de cette bizarrerie géographique dont l'axe du fleuve est responsable, par son orientation sud-ouest–nord-est, et considérons que l'Est du Québec, pour les fins de la présentation de nos belvédères, c'est la Gaspésie avec les îles de la Madeleine, ce point d'orgue au bout de la péninsule.

Voilà un pays multiple. Sa périphérie a été popularisée par le traditionnel « tour de la Gaspésie », un parcours qui a l'avantage de suivre fidèlement son pourtour et, lorsqu'on observe bien, de donner à voir la formidable différence entre les deux façades de la péninsule. Au nord, un littoral vigoureux, plutôt sauvage, où la montagne plonge directement

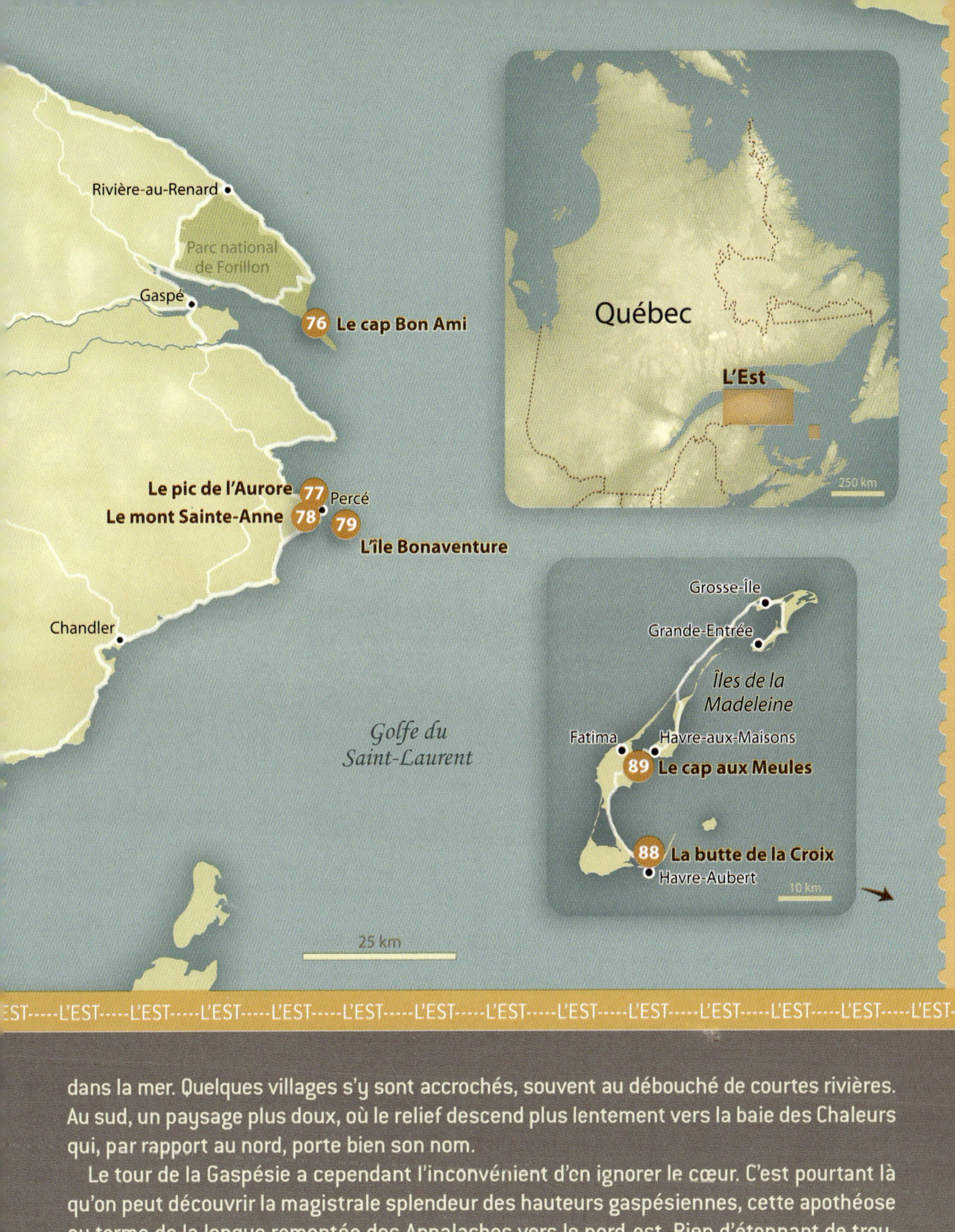

dans la mer. Quelques villages s'y sont accrochés, souvent au débouché de courtes rivières. Au sud, un paysage plus doux, où le relief descend plus lentement vers la baie des Chaleurs qui, par rapport au nord, porte bien son nom.

Le tour de la Gaspésie a cependant l'inconvénient d'en ignorer le cœur. C'est pourtant là qu'on peut découvrir la magistrale splendeur des hauteurs gaspésiennes, cette apothéose au terme de la longue remontée des Appalaches vers le nord-est. Rien d'étonnant de trouver là des belvédères qui rivalisent en vues à couper le souffle et dont le choix, pour les amants de la nature, ne tient qu'au degré de difficulté des sentiers pour y parvenir.

Les îles de la Madeleine constituent le prolongement naturel de la Gaspésie en pleine mer. Ceux qui n'ont plus l'âge de jouer les alpinistes en apprécieront la douceur. Quelques petits belvédères faciles d'accès les y attendent.

74

LE MONT SAINT-PIERRE

MONT-SAINT-PIERRE

Si vous montez au sommet du mont Saint-Pierre pour en redescendre par la voie des airs agrippé à votre deltaplane, rappelez-vous les conseils de Dédale à son fils Icare : « Ne vole ni trop haut ni trop près de la mer. » Or, Icare joua d'imprudence et mal lui en prit : la chaleur du soleil et l'air marin chargé d'humidité eurent raison de ses ailes de cire. Icare ne fut homme-oiseau que le temps d'un rêve. La technologie moderne a fait bien des progrès depuis l'époque de la mythologie grecque et le vol libre est maintenant un sport dont les techniques sont précises et éprouvées.

Cela dit, la prudence est de rigueur, car la majestueuse vallée glaciaire débouchant dans l'hémicycle régulier de l'anse de Mont-Saint-Pierre forme un couloir où le vent a ses caprices. La majesté de ce relief vigoureux est naturellement une invitation à jouer les hommes-oiseaux en gagnant de l'altitude à partir d'une des cinq plateformes d'envol de l'endroit. Après quelques heures de vol plané au-dessus de la vallée et du fleuve, les audacieux atterriront derrière le village de Mont-Saint-Pierre, après une descente de plus de 400 mètres. Surveillez la Fête du Vol Libre, une rencontre internationale de pilotes de deltaplane et de parapente, qui, chaque année en juillet, remplissent le ciel de voiles multicolores. Ce sera peut-être l'occasion de voir briser les records de vol : neuf heures en deltaplane, onze en parapente.

Si vous avez moins de vingt-cinq heures d'expérience, ne vous risquez pas et contentez-vous de monter là-haut soit par le sentier bien aménagé qui commence à l'extrémité est du village, soit en bénéficiant du service de navette en quatre-quatre. Vous y jouirez d'un panorama à couper le souffle, issu de la vigoureuse confrontation de la montagne et de la mer. Ce sera l'occasion de rendre hommage au glacier qui, il y a quelques dizaines de milliers d'années, a sculpté le lit de la rivière de Mont-Saint-Pierre en donnant à ses flancs la belle rondeur typique des vallées glaciaires.

La publicité souligne avec insistance la beauté des couchers de soleil observés du sommet de la montagne ; elle est tout à fait justifiée. Grâce à ces atouts, Mont-Saint-Pierre mérite bien son surnom de *Capitale du vol libre de l'Est du Canada*, et plus encore. Il n'est pas exagéré de dire qu'avec la région du Bic il s'agit du plus spectaculaire coin de littoral du Saint-Laurent. Sport extrême et beauté extrême s'y sont donné rendez-vous.

?

Comment s'y rendre

À partir de l'extrémité est du village de Mont-Saint-Pierre, situé à 550 km à l'est de Québec sur la route 132, un sentier bien balisé permet de gravir les 425 m que compte le sommet. Un système de navette par véhicules quatre-quatre est disponible.

1. Du haut du mont Saint-Pierre, un couloir de soleil couchant. **2, 3.** Le village de Mont-Saint-Pierre, au sortir d'une vallée glaciaire typique. **4.** La vigueur des plissements appalachiens.

2

----LE MONT SAINT-PIERRE-----LE MONT SAINT-PIERRE-----LE MONT SAINT-PIERRE-----LE MONT SAINT-PIERRE-----LE MONT SAI

3

1

--LE CAP AUX CORBEAUX----LE CAP AUX CORBEAUX----LE CAP AUX CORBEAUX----LE CAP AUX CORBEAUX----LE CAP AUX CORBE

3

2

75

LE CAP AUX CORBEAUX

SAINT-MAXIME-DU-MONT-LOUIS

CAP AUX CORBEAUX----LE CAP AUX CORBEAUX----LE CAP AUX CORBEAUX----LE CAP AUX CORBEAUX----LE CAP AUX CORBEAUX

Si l'on en croit La Fontaine, le corbeau est peut-être moins futé que le renard. Il reste qu'on le considère comme un des oiseaux les plus intelligents. Mais c'est surtout sa longévité qui impressionne : il peut vivre plus de trente ans. Les habitants du village de Saint-Maxime-du-Mont-Louis auraient-ils hérité des qualités de cet oiseau dont le nom désigne le cap qui surplombe le village ?

L'histoire nous apprend que le nom du village et de la rivière honore la mémoire du roi Louis XV, le cédant officiel des premières terres. Dès 1697, l'anse de Mont-Louis accueille ainsi des pêcheurs qui y aménagent diverses installations. Or, en 1758, les soldats du général Wolfe saisissent les bateaux et brûlent tout, sans toutefois rien y reconstruire. C'est l'un des nombreux épisodes reliés au *Grand Dérangement* dont on parle peu.

Avec la ténacité et la résilience du corbeau, des pêcheurs de Cap-Chat et des Capucins y reviennent vers 1865. La pêche redonne vie au village. Ses habitants profitent aussi des alluvions que la rivière de Mont-Louis a accumulées sur les sept derniers kilomètres de son cours et les mettent en culture. Aujourd'hui, le village peut ainsi vivre des produits de la mer, de la terre et de la forêt. Ce dernier secteur d'activité domine aujourd'hui. L'ouverture de la mine de Murdochville dans les années 1950 a aussi donné une impulsion significative aux secteurs secondaire et tertiaire.

Certes, le tourisme y constitue un atout appelé à gagner en importance. Comme son voisin, Mont-Saint-Pierre, le village de Saint-Maxime-du-Mont-Louis est admirablement situé au débouché d'une impressionnante vallée glaciaire, encadrée de hauts versants. Du haut de ceux-ci, une belle vue d'ensemble se dégage sur l'habitat, essentiellement disposé le long de la baie formant un hémicycle parfait. En remontant la rivière, on arrive aux monts Chic-Chocs, dont on connaît la grande richesse faunique.

À Saint-Maxime-du-Mont-Louis, comme un peu partout au Québec, c'est en se rendant au pied d'une grande croix qu'on pourra bénéficier d'un panorama typique de la façade nord de la Gaspésie.

?

Comment s'y rendre

De l'entrée ouest du village part la rue de la Rivière. Après moins de 1 km, sur la droite, un chemin mène jusqu'à la croix, environ 1 500 m plus loin.

1. Deux voisins qui ont beaucoup en commun. 2. Une vallée glaciaire, plus sage. 3. Le village de Mont-Louis, lui aussi entre deux caps.

76

LE CAP BON AMI

PARC NATIONAL DU CANADA FORILLON

1

--LE CAP BON AMI-----LE CAP BON AMI-----LE CAP BON AMI-----LE CAP BON AMI-----LE CAP BON AMI-----LE CAP BON AMI-----LE

Il est de coutume de présenter à la fin d'un exposé une conclusion résumant le propos. Considérant la Gaspésie comme le chapitre final du livre ouvert qu'est le territoire du Québec, on ne s'étonnera pas que le prolongement en soit aussi le résumé. Le parc Forillon, situé à la fine pointe de la Gaspésie, offre en effet des références multiples à ce qui fait la diversité du Québec et, spécifiquement, de la Gaspésie.

Les passionnés de sciences physiques – géographie, géomorphologie, botanique, biologie, zoologie, ornithologie – y seront servis. Plusieurs panneaux d'interprétation et la documentation distribuée au centre d'accueil du parc renseignent de manière précise et accessible sur les divers aspects de ces mondes complexes et fascinants.

La géographie humaine de cette partie de la Gaspésie est également d'un grand intérêt, mais il faut bien admettre qu'elle a quitté la réalité pour se réfugier dans les évocations historiques qui en sont faites. Dépourvu d'habitants permanents, qui en ont été chassés, le parc demeure un lieu de mémoire réunissant quelques éléments de la culture matérielle qui y avaient pris racine.

La visite du parc vous mènera au bout du pays, sur le cap Bon Ami, une mince péninsule qui s'avance dans la mer comme un long doigt pointé vers l'Europe. À son extrémité un phare fait la sentinelle ; c'est le point final de la conclusion et, au sud du Saint-Laurent, l'endroit où le soleil émerge de la mer avant partout ailleurs. Il colore alors les falaises du cap d'une succession de teintes allant du rouge au jaune. Un belvédère facile d'accès vous permettra d'attendre confortablement ce moment béni où le soleil sort tout doucement de son lit liquide.

Plus en hauteur, vous aurez un autre point de vue, tourné vers le continent : la série de falaises qui s'étirent au sud de Gaspé et le barachois de Douglastown. C'est le côté habité de la baie de Gaspé. En arrière-scène, les montagnes se succèdent en escalier dans un decrescendo de verts que la distance traduit par des bleus de plus en plus pâles. C'est aussi de là que vous pourrez observer le vol des mouettes tridactyles qui en ont fait leur habitat privilégié.

?

Comment s'y rendre

La route 132 fait le tour du Parc national du Canada Forillon. En y pénétrant du côté de Cap-des-Rosiers, on suit jusqu'au bout le chemin du Cap-Bon-Ami.

1, 2, 4. Un belvédère idéalement situé au sommet du cap. **3.** Sur la pointe, le phare du cap des Rosiers. **5.** Vue d'un avion, le Mur exhibe ses entrailles. **6, 7.** Les deux faces du cap : pente douce et falaise.

2

AMI-----LE CAP BON AMI-----LE CAP BON AMI-----LE CAP BON-AMI-----LE CAP BON AMI-----LE CAP BON AMI-----LE CAP BON AMI-

3

4

---LE CAP BON AMI-----LE CAP BON AMI-----LE CAP BON AMI-----LE CAP BON AMI-----LE CAP BON AMI-----LE CAP BON AMI-----LE C

5

AMI-----LE CAP BON AMI-----LE CAP BON AMI-----LE CAP BON-AMI-----LE CAP BON AMI-----LE CAP BON AMI-----LE CAP BON AMI-

7

1

--LE PIC DE L'AURORE-----LE PIC DE L'AURORE-----LE PIC DE L'AURORE-----LE PIC DE L'AURORE-----LE PIC DE L'AURORE-----LE P

3

2

77

LE PIC DE L'AURORE

PERCÉ

Ce qui caractérise le rocher Percé, comme le *vert* d'un terrain de golf ou le beigne, c'est son trou. Est-ce à dire qu'une vue sur le rocher sans sa fameuse trouée manquerait d'intérêt ? Que non ! Vu d'en haut, ce grand vaisseau rocheux amarré au bout de la péninsule gaspésienne affiche son plan, sa forme horizontale, impossible à imaginer depuis la terre ferme. Il est de plus en plus étroit vers son extrémité et c'est précisément à l'endroit le plus mince que la mer et le vent ont creusé leur passage. C'est donc là aussi qu'il est le plus fragile. Qui sait quand se répétera la catastrophe survenue en 1845 lorsque l'arche extérieure du rocher s'est écroulée, ne laissant comme vestige que le pilier ?

Rassurons-nous. Malgré les quelque trois cents tonnes de roc que lui ravit annuellement l'action conjuguée de la mer et, surtout, du cycle gel-dégel, le rocher gardera sans doute son profil original durant encore quelques siècles. Le phénomène apparaît avec une parfaite netteté lorsqu'on l'observe du haut des airs.

À vrai dire, la magnificence du paysage qui se dégage, du haut des 200 mètres de la falaise, fait oublier le danger qui menace le rocher le plus photographié du Québec (peut-être avec le cap Diamant, dans la Vieille Capitale). De là-haut, en regardant vers le sud, on peut embrasser d'un seul coup d'œil l'ensemble que forment le parc national de l'Île-Bonaventure-et-du-Rocher-Percé et le village de Percé, confortablement installé, comme un public dans une salle de spectacle, devant ces deux monuments phares de la nature gaspésienne.

Vers le nord, au-delà de la baie de Gaspé, la pointe Saint-Pierre s'étire vers la mer, telle une mince aiguille. En fond de scène, une péninsule plus montagneuse, occupée par le parc Forillon, ferme l'horizon. Deux longs doigts pointés vers l'Europe qui semblent dire : « De là sont venus les nouveaux occupants du pays. »

Le pic de l'Aurore constitue, avec les caps des Trois Sœurs et le cap Barré, ce qu'on appelait autrefois la *Muraille*. Cet escarpement, comme les paysages qui l'entourent, est un caméléon qui prend les couleurs changeantes du temps, selon l'heure du jour et les caprices du climat. Quand les premiers rayons du soleil émergent de la mer, la falaise sort de la pénombre, passe au rose, puis à l'orangé et à l'ocre, selon les teintes que dilue le degré d'humidité de l'air. Une symphonie de couleurs. Pour l'apprécier, il faut le recul nécessaire et, pour cela, descendre vers le village.

Du belvédère, le spectacle peut aussi jouer de fantasmagoric quand un rideau de brume se lève sur une scène dont le Rocher et l'Île sont les acteurs.

?

Comment s'y rendre
Rendez-vous à 1 km de la sortie du village de Percé vers le nord, par la route 132. C'est au bord de la route.

1. Les falaises de Percé au soleil levant. **2.** Le rocher Percé, un navire fantôme ? **3.** Le rocher et l'île Bonaventure, vus du pic.

78

LE MONT SAINTE-ANNE

PERCÉ

1

--LE MONT SAINTE-ANNE-----LE MONT SAINTE-ANNE-----LE MONT SAINTE-ANNE-----LE MONT SAINTE-ANNE-----LE MONT SAINTE

Le village de Percé, le rocher Percé et l'île Bonaventure forment un paysage d'exception qu'il faut voir de haut. Juché à une altitude de 340 mètres, sur le mont, un belvédère le permet. Il offre aussi l'avantage de présenter l'île Bonaventure sous son meilleur angle. On voit bien de là son côté accessible, un versant descendant doucement vers la mer. C'est là que s'étaient installés des pêcheurs français, dès le début du XVIIe siècle, et là que leurs constructions et équipements ont été anéantis par des pirates anglais au tournant du siècle. Il aura fallu attendre cent ans pour que l'île redevienne active, grâce à la pêche, surtout développée par les compagnies jersiaises.

Muni de jumelles, vous verrez du belvédère plusieurs bâtiments témoins de cette activité grâce au programme de restauration amorcé en 1970. Celui-ci rappelle la présence des familles Robin et LeBoutillier qui contrôlèrent, en leur temps, le commerce de la morue. Sous cet angle, on devine que le côté caché de l'île est plus abrupt. Y niche une colonie de fous de Bassan comptant de plus de soixante mille couples. Du belvédère, vous ne pourrez les apercevoir que lorsque quelque essaim aura décidé d'aller virevolter au-dessus des falaises. Pour avoir une idée de leur multitude, il faut faire le tour de l'île en bateau ou, mieux, la traverser à pied et en arpenter les sentiers. On s'approche alors d'une des falaises les plus densément peuplées d'oiseaux au monde.

Portez aussi le regard vers la droite, c'est-à-dire vers le sud-ouest : on aperçoit de là près de cent kilomètres de côte gaspésienne du côté de la baie des Chaleurs.

Une fois arrivé au belvédère, soyez doublement prudent. D'abord le *sentier des Falaises* exige de bien surveiller les enfants qui s'y aventurent. Mais aussi, vérifiez si vous n'êtes pas suivi par quelque étrange personnage animé de pernicieuses intentions. Rappelez-vous qu'à cet endroit le Diable a convoqué un certain Roland à une partie de dés et qu'il lui a ravi tout ce que le pauvre homme lui avait offert en gage, trousseau, meubles et maison, pour lui proposer finalement de lui remettre le magot contre son âme. À vous de deviner la suite... C'est en souvenir de cet événement, dont on cherche encore les preuves il est vrai, que ce lieu a été surnommé *la Table à Roland.*

En ayant donné son nom à ce bloc rocheux qui a longtemps servi de repère aux pêcheurs du golfe, la bonne sainte Anne, patronne des marins, nous protège sans doute d'un éventuel retour du Malin.

?

Comment s'y rendre

Depuis l'église, suivez la rue Sainte-Anne. Elle mène au belvédère.

1, 2, 4. Au sommet du mont, un sentier de bord de falaise. **3.** Le mont Sainte-Anne domine Percé et son rocher.

2

3

--LE MONT SAINTE-ANNE-----LE MONT SAINTE-ANNE-----LE MONT SAINTE-ANNE-----LE MONT SAINTE-ANNE-----LE MONT SAINT

4

1 2

--L'ÎLE BONAVENTURE-----L'ÎLE BONAVENTURE-----L'ÎLE BONAVENTURE-----L'ÎLE BONAVENTURE-----L'ÎLE BONAVENTURE-----L'ÎL

4

3

79

L'ÎLE BONAVENTURE

PERCÉ

ENTURE-----L'ÎLE BONAVENTURE-----L'ÎLE BONAVENTURE-----L'ÎLE BONAVENTURE-----L'ÎLE BONAVENTURE-----L'ÎLE BONAVENT

Voilà une fois où, dans l'éternelle et injuste compétition que se livrent les hommes et les animaux pour l'occupation de la planète, les animaux auront gagné. À la fin du XIXe siècle, trois mille fous de Bassan peuplaient l'île Bonaventure. Un siècle plus tard, ils étaient quarante fois plus nombreux. L'explication ? Les hommes ont quitté l'île il y a plusieurs décennies. Autrefois, ils étaient les seuls à s'en nourrir, car l'île, grâce à son isolement géographique, n'a jamais connu d'autres prédateurs. Élément plus déterminant encore, le golfe du Saint-Laurent offre aux oiseaux de mer un gigantesque garde-manger à portée d'ailes.

Pourquoi a-t-on qualifié ces oiseaux de *fous* ? C'est la faute aux marins pour qui ces beaux oiseaux étaient *fous* de ne pas protéger leurs œufs contre les voleurs. Les fous de Bassan sont en effet sociables et pacifiques. Les Espagnols ont été plus gentils pour cet oiseau en le nommant *alcatraz*, « plongeur ». Avec raison, car sa technique de pêche est particulière : comme le martin-pêcheur, il se précipite sur sa proie telle une flèche à une vitesse qui avoisine les cent kilomètres à l'heure. Comme sa masse est imposante, deux fois celle d'un goéland, l'onde de choc que produit son impact à la surface de l'eau paralyse sa proie, qu'il peut alors facilement avaler avant de revenir à la surface.

Quant à l'île Bonaventure, elle tirerait son nom soit du navire Bonaventure qui a fréquenté les lieux, soit plutôt de la qualité exceptionnelle de la pêche autour de l'île, soit encore du nom du cofondateur de la mission des Franciscains récollets. Quant à « Bassan », il fait référence à Bass Rock, en Écosse, qui abritait la plus grosse colonie de cet oiseau... jusqu'à ce que celle de l'île Bonaventure la surpasse en nombre : cent vingt mille individus.

Même fortement majoritaires sur l'île, les fous de Bassan, réputés pour leur tolérance, accordent un droit de séjour à plusieurs autres espèces d'oiseaux. On en a dénombré près de trois cents, migrantes ou permanentes, les plus nombreuses étant les mouettes tridactyles et les guillemots marmettes. Vu à partir de la mer, le peuplement serré des fous de Bassan à même les escarpements rouges de l'île constitue le clou de la visite. Mais il faut savoir que seulement trente pour cent de la colonie y niche. Le reste s'installe sur le plateau.

Avant d'être consacrée *sanctuaire d'oiseaux migrateurs*, l'île a été habitée par quelques fermiers et pêcheurs. Elle en a conservé des vestiges, dont l'intéressante maison Le Bouthillier.

?

Comment s'y rendre (l'été)

Une fois sur l'île, après une traversée de quinze minutes à partir de Percé (ou d'une heure et quart si vous faites l'excursion), vous aurez le choix entre les quatre sentiers qui mènent à la tour d'observation des fous de Bassan ; ils font de 5 à 9 km (aller-retour). Le plus court est le sentier des Colonies.

1, 2. Quelques-uns des 120 000 fous de Bassan. **3.** Sur le plat sommet de l'île. **4.** Pour observer les fous de Bassan sans les déranger.

80

LE MONT SAINT-JOSEPH

CARLETON-SUR-MER

1

-LE MONT SAINT-JOSEPH-----LE MONT SAINT-JOSEPH-----LE MONT SAINT-JOSEPH-----LE MONT SAINT-JOSEPH-----LE MONT SA

Il n'y a pas qu'à Montréal qu'un oratoire est consacré à la dévotion de saint Joseph. Carleton a le sien, évidemment plus modeste que celui du frère André, mais qui a eu son heure de gloire dans la région. Évidemment, sa fréquentation a évolué au gré de la variation de la pratique religieuse. Après l'installation d'une statue du saint patron en 1925, les paroissiens de Carleton organisaient spontanément des *montées* à pied en récitant le chapelet, coutume qui a commencé à s'effriter dans les années quarante. Ce fut alors l'époque des pèlerinages organisés.

Aujourd'hui, quelques dévots perpétuent la tradition, mais on y monte en automobile pour d'autres raisons. La vue, du belvédère qu'on y a aménagé, est d'un grand intérêt pour quiconque s'intéresse à la géographie des lieux. Son altitude (550 mètres) en fait, dans la région, une des rares montagnes accessibles en voiture à offrir des panoramas aussi spectaculaires, notamment de nuit lorsque l'éclairage des habitations disséminées de façon régulière tout au long du littoral dessine une fine ligne de lumière traçant le contour de la baie des Chaleurs.

De là-haut, on peut avoir une parfaite idée du plan du village de Carleton-sur-Mer, tout en apercevant, en arrière-plan, le littoral du Nouveau-Brunswick. On y observera, vers le sud, la forme originale (triangulaire) du barachois, l'harmonieuse combinaison du bleu de la baie des Chaleurs et des différents verts de la montagne et du littoral, de même que l'importance, encore aujourd'hui, de l'activité agricole. Cette combinaison harmonieuse des éléments fait tout l'intérêt, l'équilibre et la beauté de ce paysage. Vers l'intérieur, on observe la mer verte des montagnes boisées, typiques de la Gaspésie intérieure. S'y ajoutent maintenant des éoliennes.

Plusieurs panneaux d'interprétation donnent de judicieuses explications sur les raisons qu'on peut avoir de *trouver ça beau*. L'histoire géologique des Appalaches, la valeur nutritive des barachois, des références aux techniques de pêche et de chasse des Amérindiens de même que des rappels historiques aident à découvrir ce qui se cache derrière la beauté du paysage.

Pour en voir encore davantage, ceux qui aiment la marche en montagne auront le choix entre une dizaine de sentiers accessibles à partir du sommet : plus de trente kilomètres sillonnent la montagne et permettent de découvrir la beauté de l'arrière-pays.

?

Comment s'y rendre

Du centre de Carleton, à 800 km de Montréal par la route 132, la route de la Montagne mène directement au belvédère : à 12 km par une pente douce.

1, 2. Carleton que surplombe le mont Saint-Joseph. **3.** Le littoral de la baie des Chaleurs, encore en culture.

2

EPH-----LE MONT SAINT-JOSEPH-----LE MONT SAINT-JOSEPH-----LE MONT SAINT-JOSEPH-----LE MONT SAINT-JOSEPH-----LE MO

3

1

-LE BELVÉDÈRE HORIZON DE RÊVE-----LE BELVÉDÈRE HORIZON DE RÊVE-----LE BELVÉDÈRE HORIZON DE RÊVE-----LE BELVÉD

3

81

LE BELVÉDÈRE HORIZON DE RÊVE

SAINT-ALEXIS-DE-MATAPÉDIA

Certains coins du Québec sont facilement accessibles et pourtant mal connus et peu visités. C'est le cas des plateaux, une région de hautes terres que se partagent quatre municipalités situées à l'ouest de la vallée de la Matapédia. Ce coin de pays est lié à la triste épopée des Acadiens, victimes du nettoyage ethnique opéré par les Britanniques dans les anciennes colonies françaises d'Amérique.

Dès 1758, de nombreux exilés trouvèrent refuge sur la rive nord de la baie des Chaleurs. Ils y fondèrent d'abord Saint-Alexis-de-Matapédia, le premier des villages du plateau à partir de la vallée de la Matapédia. En vous promenant sur le plateau, vous verrez souvent flotter le tricolore orné d'une étoile, drapeau des Acadiens. Peut-être vous recueillerez-vous, à Saint-Alexis, devant un monument commémoratif qui rappelle cette tranche d'histoire.

Cette région hors des sentiers battus étonnera le visiteur qui ne s'attend pas à trouver au milieu des forêts, sur de hautes terres, de larges espaces en culture. L'agriculture a pourtant constitué la base économique de ces villages, tournés maintenant vers l'acériculture et le tourisme. Il faut dire que les atouts régionaux sont importants. D'abord, les rivières Matapédia et Ristigouche tiennent généreusement les promesses de bonne pêche au saumon que fait une publicité dépassant les frontières.

Ces rivières ont des physionomies bien différentes. La Matapédia, humanisée sur la plus grande partie de sa longueur, très fréquentée du fait qu'elle est le lien obligé entre les régions du fleuve et la baie des Chaleurs, s'oppose nettement à la Ristigouche. Profondément enfoncée dans le plateau, celle-ci n'a pratiquement pas de rives habitables. Elle a conservé un caractère sauvage, accentué par les impressionnants méandres qu'elle décrit, formant une longue suite de défilés majestueux que l'on pourrait comparer à la *Trouée héroïque* du Rhin si quelque romantique château avait pu s'accrocher à ses flancs.

Le belvédère *Horizon de rêve* offre une vue plongeante sur un de ces défilés. À quelque trois cents mètres plus bas, la Ristigouche, qui sépare le Québec du Nouveau-Brunswick, aménage lentement ses berges, en grugeant les rives concaves de ses méandres et en déposant un peu de sable sur ses convexes.

Ajoutons que, sur le plateau, deux autres belvédères offrent des vues analogues, aussi impressionnantes l'une que l'autre. On peut les atteindre à partir de Saint-Jean-de-Matapédia et de Saint-Alexis-de-Matapédia.

?

Comment s'y rendre

On quitte la route 132, à 8 km au nord de Matapédia, pour atteindre Saint-Alexis-de-Matapédia. Il faut alors suivre la rue Principale et le rang Saint-Hermel Sud ; de là, les indications sont claires. Au bout de la route, un sentier de 550 m mène au belvédère.

1. Le sentier traverse une forêt très dense. **2.** La Ristigouche, une rivière tranquille. **3.** Des méandres encaissés avec élégance.

82

LE MONT HOG'S BACK

RÉSERVE FAUNIQUE DES CHIC-CHOCS

1

-LE MONT HOG'S BACK-----LE MONT HOG'S BACK-----LE MONT HOG'S BACK-----LE MONT HOG'S BACK-----LE MONT HOG'S BACK--

Le nom évocateur *Chic-Chocs* s'est vu reconnaître deux origines différentes. L'une anglaise, *shick shock*, l'autre micmaque, *sigsôg*. Il est difficile de dire laquelle est plus plausible. Quoi qu'il en soit, les deux évoquent la même réalité: la raideur des flancs des montagnes, la présence de rochers escarpés. Ce massif est en effet l'apothéose orientale de la chaîne des Appalaches. Il constitue la plus grande concentration de hauts sommets au Québec. D'aspect chaotique par endroits, rythmé par d'imposantes vallées glaciaires ailleurs, il présente une alternance de sommets rocheux et de cimes boisées. L'exploitation forestière y a laissé, de loin en loin, quelques balafres dont l'importance n'apparaît clairement que vues d'un avion.

Les sentiers aménagés pour l'agréable et pacifique conquête des sommets de la Gaspésie intérieure réservent aux marcheurs des panoramas d'une étonnante variété. Le mont Hog's Back se singularise par un impressionnant champ de roches anguleuses que la végétation a eu peine à coloniser. La dernière centaine de mètres de la montée, sans pourtant être vraiment difficile, présente donc quelques occasions de se tordre les chevilles.

La forme des éclats de roches qui pavent le sommet de la montagne résulte d'une intense activité de gélifraction, c'est-à-dire la fragmentation de la pierre par les alternances fréquentes de gel et de dégel. Ce paysage pierreux offre des conditions analogues à celles du Grand Nord, où les Inuits ont su utiliser ce matériau pour en faire des *inukshuks*, ces ingénieux *bonhommes de pierre* qui balisent les pistes de ce pays sans arbres. Vous ne vous étonnerez donc pas de rencontrer, sur le mont Hog's Back, quelques-uns de ces monuments de pierre, faisant hommage, en quelque sorte, au caractère nordique des hautes terres de la Gaspésie. Il n'est interdit à personne de construire son propre monument, en lui donnant la forme et les dimensions que son imagination lui proposera. Un jour peut-être, il y en aura assez pour que cette montagne soit surnommée *la montagne des Inukshuks*...

Du sommet des 830 mètres du mont Hog's Back, situé immédiatement au sud de la limite sud du parc national de la Gaspésie, la vue sur les Chic-Chocs vaut l'effort somme toute très raisonnable de la montée. Le dénivelé n'est que de 350 mètres et le sentier, bien balisé. Le Hog's Back est aussi un rendez-vous prisé des glisseurs en hiver.

Comment s'y rendre

?

La route 299 part de Sainte-Anne-des-Monts et atteint le Gîte du Mont-Albert après 38 km. Quelque 12 km plus loin, face à un stationnement bien identifié passé celui du Ruisseau-Isabelle (stationnement d'hiver des monts Albert et Olivine), un sentier de 1,7 km se dirige vers le sommet du mont Hog's Back.

1. Au sommet, un champ de caillasse. **2.** M. Bourdon explique le paysage. **3.** Quelques sommets chauves de la Gaspésie intérieure. **4.** De quoi ériger plusieurs inukshuks.

2

3

ONT HOG'S BACK-----LE MONT HOG'S BACK-----LE MONT HOG'S BACK-----LE MONT HOG'S BACK-----LE MONT HOG'S BACK-----LE

4

1 2

4

3

83

LE MONT OLIVINE

PARC NATIONAL DE LA GASPÉSIE

LE MONT OLIVINE-----LE MONT OLIVINE-----LE MONT OLIVINE-----LE MONT OLIVINE-----LE MONT OLIVINE-----LE MONT OLIVINE

En général, les noms de lieux constituent des indicateurs de réalités historiques ou géographiques intéressantes. Certains toponymes, par exemple, indiquent la présence de ressources minérales ayant contribué au développement et parfois même à la naissance d'une ville. Pensons à Val-d'Or, à Asbestos, à Fermont. Le mont Olivine est de la même famille, car on y a trouvé des traces de cette pierre dans un gisement d'une certaine importance.

Les scientifiques le savent, l'olivine est un silicate de magnésium et de fer, allié à du nickel et à du chrome. Outre ses qualités en joaillerie, elle se prête à certains usages industriels. Ceux qui croient à la minéralothérapie savent qu'un mélange d'olivine et d'huile d'olive peut soulager les irritations de la peau. D'autres la portent sur eux parce qu'elle est symbole de force et de santé et qu'elle protégerait des mauvaises rencontres et de la mélancolie. Si vous êtes né au mois d'août, vous profiterez peut-être de sa protection ; c'est la pierre du mois.

Mais revenons sur terre et voyons ce que le mont a à offrir. Ceux qui se donnent le défi de conquérir tous les sommets de la Gaspésie intérieure en hiver feraient bien de commencer leur marathon par le mont Olivine. Ses 350 mètres de dénivelé n'offrent pas de difficulté particulière, sauf les jours de grand vent. Avec ses 670 mètres d'altitude, c'est la montagne la plus accessible des Chic-Chocs en saison hivernale. En deux petites heures de raquette, vous atteignez son faîte.

Le sommet du mont Olivine, été comme hiver bien sûr, offre une vue circulaire sur les Chic-Chocs et les monts McGerrigle. Par beau temps, vous pourrez identifier les monts Xalibu, Ernest-Laforce et Albert. C'est l'occasion de réaliser que la Gaspésie intérieure est faite de reliefs puissants, plus compartimentés et tourmentés que ceux du Bouclier canadien, telle une mer verte houleuse et figée. De là sa beauté.

?

Comment s'y rendre

Le sentier du mont Olivine rejoint la route 299 à deux endroits : tout près du Gîte du Mont-Albert et à l'entrée sud du parc. Dans les deux cas, le belvédère se trouve à quelque 5 km.

1. Un sentier relativement facile... **2.** ... même au sommet. **3.** Le chapeau de M. Bourdon. **4.** Un sommet chauve, fréquent en haute Gaspésie. **5.** La route transgaspésienne suit la rivière Sainte-Anne. **6.** Le lac du Diable et le mont Albert. **7.** Vers l'est, moins élevé, davantage de forêts.

5

-LE MONT OLIVINE-----LE MONT OLIVINE-----LE MONT OLIVINE-----LE MONT OLIVINE-----LE MONT OLIVINE-----LE MONT OLIVINE

7

6

84

LE MONT ERNEST-LAFORCE

PARC NATIONAL DE LA GASPÉSIE

1

-LE MONT ERNEST-LAFORCE-----LE MONT ERNEST-LAFORCE-----LE MONT ERNEST-LAFORCE-----LE MONT ERNEST-LAFORCE---

Ce belvédère est à l'image du personnage : il voit grand. Du sommet, vous n'aurez pas accès aux quelque deux cents municipalités que s'est acharné à fonder le ministre de la Colonisation Ernest-Laforce, mais ayez une pensée pour cet homme qui a consacré au Québec rural une grande partie des quatre-vingt-dix-huit ans de sa vie.

Les belvédères qui offrent une vue sur trois cent soixante degrés ne sont pas nombreux au Québec. Ici, après une ascension de quelque 155 mètres, vous pourrez, du haut des 820 mètres du mont Ernest-Laforce, identifier plusieurs autres montagnes. Des plaques de cuivre indiquent la direction des sommets qui entourent le belvédère, les monts Richardson, Joseph-Fortin, Xalibu, Jacques-Cartier, Macoun, Hog's Back, Olivine, Albert. En direction de ce dernier se déploie une belle vallée en auge, typique des vallées glaciaires dont la Gaspésie n'est pas avare.

Avant de parvenir à la plateforme d'observation, vous aurez pu, le long d'un sentier facile, bien entretenu et aménagé, suivre l'amaigrissement progressif d'une végétation riche et variée au bas, frileuse et rabougrie au sommet, de quoi reproduire en altitude (de bas en haut) le même cheminement que la géographie offre en latitude (du sud au nord). Au printemps, le paysage exhibe sa large gamme de verts depuis le vert foncé des conifères jusqu'aux verts plus doux, parfois presque transparents, de la forêt régénérée en bouleaux. Les orignaux, nombreux dans le secteur, percevront sans doute davantage votre présence que l'inverse. N'en doutez pas, ils sont là.

L'ascension du mont Ernest-Laforce représente une randonnée d'environ deux heures par un sentier en boucle de 4,5 kilomètres qui permet d'apprécier un aménagement témoignant d'un grand respect pour l'environnement, aucunement modifié. On voit là un bon exemple de la philosophie de la Sépaq. À l'image du ratio *qualité-prix*, mentionnons que le mont Ernest-Laforce est le sommet gaspésien qui offre le meilleur ratio *splendeur-effort*.

? Comment s'y rendre

À partir de Sainte-Anne-des-Monts, la route transgaspésienne (299) vous amène, après une trentaine de kilomètres, au Gîte du Mont-Albert. Dès après, suivez la route 16 sur 8 km, puis la route 163 sur 2 km. Le sentier part du stationnement.

1, 2, 3. Au sommet, le vent a eu raison de la végétation, **4.** Le massif du mont Albert : un plateau entaillé par le glacier.

2

Rassasiez-vous !
Respirez profondément.
Contemplez les formes, les couleurs.
Ressentez le vent.
Écoutez.
Humez tous les arômes.
Goûtez de tous vos sens.

3

-LE MONT XALIBU-----LE MONT XALIBU-----LE MONT XALIBU-----LE MONT XALIBU-----LE MONT XALIBU-----LE MONT XALIBU-----

3

85

LE MONT XALIBU

PARC NATIONAL DE LA GASPÉSIE

T XALIBU-----LE MONT XALIBU-----LE MONT XALIBU-----LE MONT XALIBU-----LE MONT XALIBU-----LE MONT XALIBU-----LE MONT

D'un bout à l'autre du parc national de la Gaspésie, des sommets de plus de mille mètres dominent le paysage. Il serait bien difficile, et d'ailleurs tout à fait subjectif, de dire lequel mérite le prix d'excellence. En effet, toutes les montagnes de la Gaspésie intérieure ont en commun la puissance du relief, les points de vue à couper le souffle, des forêts bien conservées (sauf là où la coupe à blanc a fait ses ravages), des sentiers permettant aussi d'en apprécier la faune, la flore et les différents écosystèmes. L'ensemble constitue une des régions les plus spectaculaires du Québec. Cela dit, chaque montagne a ses caractéristiques et sa personnalité.

Le mont Xalibu a l'avantage particulier d'annoncer, par son nom, qu'il est situé dans un des trois secteurs où le caribou s'est réfugié. En langue micmaque, *xalibu*, prononcé *gzalibou*, signifie « bête trépignante », c'est-à-dire *caribou*. Malheureusement, le troupeau est menacé de disparition. Durant les vingt-cinq dernières années, le nombre de bêtes a fondu de près de quarante pour cent. Certains attribuent ce repli aux activités humaines (chasse, transport, exploitation minière et forestière, fréquentation touristique) qui ont fragmenté et rétréci leurs aires de fréquentation. D'autres reportent la responsabilité à des facteurs naturels, tels les feux de forêts et l'existence de prédateurs, des ours surtout.

En fait, il s'agit d'une combinaison de ces deux facteurs. L'exploitation forestière, dont on ne peut clairement constater l'effet dévastateur qu'en survolant la région, a eu un effet direct sur la survie des caribous. L'élimination de forêts matures de conifères prive les caribous du lichen arboricole qui, l'hiver, constitue leur nourriture essentielle. À son tour, le dégagement de zones ouvertes par la coupe forestière amène la prolifération de petits fruits dont les ours sont friands. Or, les ours sont pour le caribou un prédateur redoutable. Selon les scientifiques, l'ours est le principal responsable de la situation préoccupante du troupeau de la Gaspésie, le seul qui reste au sud du Saint-Laurent. On étudie sérieusement les moyens à prendre pour freiner cette évolution déplorable.

Outre l'intérêt qu'il représente relativement au caribou, le mont Xalibu offre, non seulement de son sommet, à 1 140 mètres, mais tout au long du parcours qui y mène, des vues impressionnantes sur un des reliefs les plus contrastés et vigoureux du Québec. Se succèdent une série de paysages faits

1, 5, 7. Un sentier de difficulté variable. **2, 6.** Le maître de céans. **3.** Du sommet, une des meilleures vues de la Gaspésie intérieure. **4, 8.** Le mont Xalibu est entouré de sommets un peu plus élevés.

5 6

-LE MONT XALIBU-----LE MONT XALIBU-----LE MONT XALIBU-----LE MONT XALIBU-----LE MONT XALIBU-----LE MONT XALIBU-----

8

7

de montagnes boisées ou chauves, d'escarpements vertigineux, de vallées profondes creusées par le glacier, parfois occupées par des lacs, tel que le splendide lac aux Américains, en contrebas du mont Xalibu. On y rencontre aussi des lacs suspendus sur les hauteurs, des amas chaotiques de blocs rocheux, des cirques glaciaires et des crevasses découpant de hautes parois rocheuses. Du sommet, comme de quelques autres points de vue, on peut apercevoir les plus hauts monts de la région : les monts Albert, Jacques-Cartier et Richardson.

Il faut ajouter qu'en se rendant au mont Xalibu, en prenant progressivement de l'altitude, on traversera une série d'écosystèmes différents, depuis la forêt boréale jusqu'à la toundra alpine, caractérisée par des étendues pierreuses pratiquement dépourvues de végétation. On verra la végétation maigrir avec l'altitude, pour finir avec une couverture arbustive, puis herbeuse et finalement inexistante. Ce faisant, on aura fait en altitude un itinéraire qui, en latitude, aurait exigé un parcours de plusieurs centaines de kilomètres, une belle démonstration du principe géographique qui veut que le vertical reproduit l'horizontal.

En redescendant vers le secteur du mont Albert, n'oubliez pas de faire le court détour de moins de un kilomètre qui mène au belvédère de la Corniche. Vous aurez l'occasion d'y observer une image modulée du paysage qu'offre le sommet. Selon l'angle, l'altitude, la distance, les paysages prennent des figures et des niveaux d'importance différents. N'est-ce pas une autre démonstration de la relativité des choses ?

? Comment s'y rendre

De Sainte-Anne-des-Monts ou de New-Richmond, la route 299 vous conduit au Gîte du Mont-Albert. De là, par la route 16, puis par la 160, vous arrivez au stationnement du Lac-aux-Américains. Un sentier d'un peu plus de 5 km conduit au sommet.

86

1

LE MONT JACQUES-CARTIER

PARC NATIONAL DE LA GASPÉSIE

-LE MONT JACQUES-CARTIER-----LE MONT JACQUES-CARTIER-----LE MONT JACQUES-CARTIER-----LE MONT JACQUES-CARTIER--

Le mont Jacques-Cartier est un peu beaucoup la montagne-fétiche à conquérir. Un *Saint-Jacques-de-Compostèle des hauteurs*. Certains disent que celui qui ne l'a pas gravi n'est pas digne de faire partie de la confrérie des marcheurs du Québec. Bien sûr, c'est là une amicale exagération, mais il est vrai qu'on est toujours fier de mentionner cet exploit dans son CV. Pour cause : le mont Jacques-Cartier est, par sa hauteur, le deuxième sommet du Québec. Son grand frère, le mont d'Iberville, n'est aucunement accessible ; en fait, on ne peut que le survoler, ce qui est un exploit d'un autre ordre.

Faire l'ascension du mont Jacques-Cartier, c'est entreprendre en altitude un trajet qui offrirait le même étagement de paysages qu'un voyage entre la plaine du Saint-Laurent et l'extrême nord du Québec, soit quelque deux mille kilomètres d'écart en latitude. Là réside un des intérêts majeurs de cette équipée. En franchissant les quelque 1 270 mètres de dénivelé que représente cette montée, on a en effet l'occasion d'observer la même série d'écosystèmes que si l'on cheminait de Montréal à Kuujjuaq : altitude vaut latitude. On traverse le même étagement de types de végétation – vallée, montagne, taïga, toundra – pour aboutir à un plateau dénudé, à un grand champ rocheux formant le sommet plat du mont Jacques-Cartier. Par cet alliage peu commun de végétation boréale, subarctique et alpine, le mont s'est vu attribuer par des botanistes américains l'appellation flatteuse de *Botanist's Dome*.

La conquête du mont Jacques-Cartier tient davantage de la longue marche que de l'alpinisme. Quoi qu'il en soit, l'activité présente un intérêt supplémentaire indiscutable : la présence de caribous. Vu la rareté de la végétation à l'approche du sommet, on peut facilement en rencontrer. Mais cela ne va pas sans menacer leur survie. Au dernier décompte, ils n'étaient plus que cent soixante-quinze. Pour cette raison, les autorités du parc ont édicté certaines règles visant à réduire l'impact de la présence humaine sur le troupeau. Ainsi, il n'est permis d'y circuler qu'entre 10 heures et 16 heures. De plus, aucun départ n'est autorisé après midi.

La monotonie du grand champ de roches, au sommet du mont, est brisée par d'étonnantes traînées de pierre et par quelques monuments rappelant les inukshuks, sans doute construits par des randonneurs voulant utiliser leur surplus d'énergie.

Comment s'y rendre

Une navette part du Gîte du Mont-Albert (sur la route 299) et mène, après 42 km, au départ du sentier de quelque 5 km menant au sommet du mont Jacques-Cartier. Elle fait un arrêt au camping situé sur la route venant de Mont-Saint-Pierre.

1, 2, 3, 6. Une escalade qui est en fait une longue marche. **4.** Un caribou, dans son penthouse. **5, 7.** Non pas une cime, mais un plateau pierreux.

2

ONT JACQUES-CARTIER-----LE MONT JACQUES-CARTIER-----LE MONT JACQUES-CARTIER-----LE MONT JACQUES-CARTIER-----LE

3

4

6

5

7

1

-LE MONT DU PORPHYRE-----LE MONT DU PORPHYRE-----LE MONT DU PORPHYRE-----LE MONT DU PORPHYRE-----LE MONT DU

3

2

87

LE MONT DU PORPHYRE

MURDOCHVILLE

RE-----LE MONT DU PORPHYRE-----LE MONT DU PORPHYRE-----LE MONT DU PORPHYRE-----LE MONT DU PORPHYRE-----LE MON

Voilà un modèle intéressant de reconversion. Comme beaucoup d'autres petites villes dont l'économie reposait sur l'exploitation de minerai, Murdochville, en plein cœur de la péninsule gaspésienne, a été victime de son caractère mono-industriel. Au terme d'un quart de siècle de production, la société Noranda Mines comptait, en 1975, plus de deux mille travailleurs. Or vingt-cinq ans plus tard, la récession avait raison des rêves de prospérité alimentés par la richesse du sous-sol en minerai de cuivre. Une fois la mine fermée, c'est la ville elle-même qui a failli l'être. En 2002, par référendum, une majorité de citoyens de Murdochville votait sa fermeture.

Des personnes courageuses se sont alors regroupées pour éviter, par leurs démarches, la répétition de l'erreur du Bureau d'aménagement de l'Est du Québec. On se rappellera que le BAEQ avait, en 1966, recommandé une étrange politique de *désoccupation du territoire.* Le gouvernement condamnait peu après treize villages gaspésiens à la disparition.

Plutôt que d'admettre la fatalité des espoirs déçus et des rêves brisés, plutôt que de se dire *autant en emporte le vent*, certains ont pensé au contraire que le vent pouvait réanimer une ville malade. Un projet d'exploitation de la ressource éolienne, dont la région est riche, se matérialise dès 2004 par la construction de deux parcs éoliens et, en 2006, par l'ouverture d'un centre de recherche en énergie éolienne.

Comme le vent et la neige vont souvent de pair, les éléments naturels apportent une autre ressource : les sports d'hiver. Grâce à son altitude et à la configuration de son relief, Murdochville reçoit plus de cinq cents centimètres de neige annuellement. Le développement d'une station de ski alpin était donc dans l'ordre des choses. Le mont Miller recelait le très rare avantage de se prêter à l'aménagement de plusieurs pistes skiables qui aboutissent dans la ville elle-même.

Les vestiges des mines abandonnées ont aussi fait partie du programme de réactivation de la ville. En plus de la rénovation du Centre d'interprétation du cuivre, ce programme comprend le recyclage des anciens puits de ventilation de la mine, un système de géothermie qui servira à chauffer les bâtiments actuels et projetés.

Du haut du mont Porphyre, on peut voir et apparier ces différents éléments. À première vue contradictoires, ils permettent de constater que la volonté et le courage de quelques citoyens peuvent réussir à redonner à une ville le souffle qu'elle avait perdu. *À quelque chose malheur est bon.* Le paysage qu'on y observe et la leçon qui s'en dégage valent le déplacement.

?

Comment s'y rendre

Du côté ouest de la route 198, environ 3 km au nord du centre de Murdochville, un sentier bien indiqué mène au belvédère après 4 km.

1, 3. Le seul paysage minier important de la Gaspésie.
2. Murdochville, une ville qui ne veut pas mourir.

88

LA BUTTE DE LA CROIX

HAVRE-AUBERT

1

--LA BUTTE DE LA CROIX-----LA BUTTE DE LA CROIX-----LA BUTTE DE LA CROIX-----LA BUTTE DE LA CROIX-----LA BUTTE DE LA

Ne vous attendez pas à ce que tous les belvédères vous coupent le souffle. La vue de paysages reposants, de « pays sages » pourrait-on dire, peut être aussi gratifiante en effet que celle des panoramas spectaculaires qui attirent touristes et sportifs désireux de conquérir des sommets. La butte de la Croix, à Havre-Aubert, est un bel exemple d'un lieu bien aménagé qui permet d'observer un coin de pays caractérisé par sa spécificité et l'harmonie de ses composantes.

Aux îles de la Madeleine, rien ou presque ne ressemble au Québec continental. La charmante originalité de l'archipel tient autant à sa géographie naturelle qu'à l'aménagement des lieux par les insulaires. Un archipel de blocs rocheux reliés par des dunes filiformes à fleur de mer enserre des bassins, créant un littoral ponctué de lagunes et de barachois. Mer et terre se compénètrent de multiples façons en une alternance de mini-falaises rouges et d'anses de sable blond. Derrière le front de mer, une houle verte de prairies continûment vallonnées, en général privées d'arbres par le vent, forme un type d'environnement naturel sans autre pareil au Québec. Le climat des îles est aussi maritime que le Québec central est continental ; les hivers y sont moins froids et les étés plus frais. De ce fait, c'est la région du Québec qui connaît le moins de jours de gel par année.

Les Madelinots, à quatre-vingt-cinq pour cent d'origine acadienne (dont quelques réchappés du Grand Dérangement), ont su aménager leur pays avec autant d'originalité que la nature. Ici, pas de cadastre géométrique, point de clôtures, des maisons dont la variété des plans et des couleurs est caractéristique, comme l'est leur disposition au hasard des replats et des espaces libres. Ici et là, des automobiles sont stationnées à côté de bateaux en attente de départ. Un Québec différent à tous égards.

À Havre-Aubert, une petite colline (une montagne à l'échelle des îles) coiffée d'une grande croix blanche qui rappelle que Jacques Cartier y passa en 1534, domine le site historique de La Grave. L'intérêt de ce petit belvédère qui ouvre sur la baie de Plaisance est de présenter une synthèse des éléments de géographie physique et humaine conférant à l'archipel madelinot sa grande originalité et son charme.

?

Comment s'y rendre

La croix, visible de Havre-Aubert, peut être atteinte par le chemin d'en Haut.

1, 6. L'habitat non aligné, typique des îles. **2.** *Ave Maria.* **3.** La bien nommée butte de la Croix. **4.** Un littoral victime de l'érosion marine. **5.** Le village de La Vernière et sa grande église en bois.

2

LA BUTTE DE LA CROIX-----LA BUTTE DE LA CROIX-----LA BUTTE DE LA CROIX-----LA BUTTE DE LA CROIX-----LA BUTTE DE LA CR

3

4

--LA BUTTE DE LA CROIX-----LA BUTTE DE LA CROIX-----LA BUTTE DE LA CROIX-----LA BUTTE DE LA CROIX-----LA BUTTE DE LA C

6

LA BUTTE DE LA CROIX-----LA BUTTE DE LA CROIX-----LA BUTTE DE LA CROIX-----LA BUTTE DE LA CROIX-----LA BUTTE DE LA CR

1

--LE CAP AUX MEULES-----LE CAP AUX MEULES-----LE CAP AUX MEULES-----LE CAP AUX MEULES-----LE CAP AUX MEULES-----L

3

2

89

LE CAP AUX MEULES

ÎLES-DE-LA-MADELEINE

X MEULES-----LE CAP AUX MEULES-----LE CAP AUX MEULES-----LE CAP AUX MEULES-----LE CAP AUX MEULES-----LE CAP AUX M

Cap-aux-Meules sert de port d'entrée aux Îles-de-la-Madeleine. C'est dire que la vie y est rythmée par l'horaire des traversiers. D'abord ceux amenant quotidiennement les visiteurs du continent qui se sont embarqués à Souris, à l'Île-du-Prince-Édouard, à cent trente-cinq kilomètres au sud. Chaque jour, vers dix-neuf heures, c'est l'arrivée. Le matin, à huit heures, c'est le départ : deux moments où le port s'agite. Il y a aussi un petit traversier qui, deux fois par jour, assure le lien entre Cap-aux-Meules et l'île d'Entrée, la seule à ne pas être reliée aux autres par des dunes ou des jetées. Elle fait figure à part : son relief est plus prononcé et sa population est anglophone. C'est comme l'*addendum* d'un *addendum*.

Le port des traversiers est séparé du port de pêche. C'est là surtout que la vie des Îles se manifeste dans ce qui la caractérise : la pêche. Le belvédère aménagé tout près du port constitue un excellent poste d'observation. Escalader sa centaine de marches et s'y installer pour une journée complète, dès les petites heures jusqu'à la brunante, constitue un bon investissement pour comprendre la logique, l'organisation et le rythme des activités d'un port de pêche. Il ne faut pas oublier que cette activité est le moteur principal de l'économie de l'archipel. Ce belvédère est le seul, au Québec, à offrir ce spectacle dans de si bonnes conditions.

C'est à la fois sur le calendrier et sur le tour d'horloge que s'échelonnent les activités de pêche des Madelinots, selon les espèces et les cadres réglementaires. À partir de la première semaine de mai, et pendant dix semaines, les homardiers prélèveront ce crustacé, exclusivement réservé aux résidents de l'île. Aussitôt que la glace quitte le golfe, soit en avril ou en mai, les pêcheurs se rendent jusqu'à quarante kilomètres des côtes pour aller retirer des profondeurs le très recherché crabe des neiges. D'avril à juillet, ils iront draguer les fonds marins pour en rapporter des pétoncles. En juin, les mytiliculteurs mettront à l'eau les collecteurs auxquels s'agripperont les moules bleues. Ils iront les récolter en septembre, mais elles devront séjourner dans la lagune encore un an avant d'atteindre une taille commerciale.

Dès trois heures du matin, le moment habituel du départ des homardiers, les quais connaissent, et ce sera le cas toute la journée, des moments d'agitation entrecoupés d'accalmies. Entre le gréement des bateaux et le débarquement des prises, prenez le temps de rencontrer les pêcheurs et d'apprendre d'eux les heurs et malheurs de la vie de marin. Du haut du belvédère se déploie la synthèse de ces activités qui font des Îles un véritable *économusée de la pêche*.

?

Comment s'y rendre

Sur le chemin du Quai, à moins de 200 m du port de pêche, on ne peut manquer l'escalier qui monte au belvédère.

1. Quelques marches pour une très belle vue du port. 2. Le port de pêche. 3. Le port et l'île d'Entrée.

-LE BELVÉDÈRE DE L'OUTAOUAIS-----LE BELVÉDÈRE DU SENTIER LA TRAVERSE-----LA TOUR D'OBSERVATION ROTARY-----LE BEL

ÉDÈRE DE L'ANSE-DE-TABATIÈRE-----LE JARDIN DES GLACIERS-----LE CAP CROW-----LE BELVÉDÈRE DE LA VIERGE-----LE BELV

E DE VAL-JALBERT-----LE CHÂTEAU D'EAU DE L'ISLE-MALIGNE-----LE CAP JASEUX-----LE PIC DE LA HUTTE-----LE BELVÉDÈRE DE

LE NORD

DE L'OUTAOUAIS-----LE BELVÉDÈRE DU SENTIER LA TRAVERSE-----LA TOUR D'OBSERVATION ROTARY-----LE BELVÉDÈRE DE VAL-

LE NORD-----LE NORD-----LE NORD-----LE NORD-----LE NORD-----LE NORD-----LE NORD-----LE NORD-----LE NORD-----LE NORD--

Le nord est un concept bien relatif. Le nord de Montréal est tout de même dans le sud du Québec. Ce n'est pas pour rien que Gilles Vigneault parle du « nord du nord » pour désigner l'arrière-pays de la Côte-Nord, située, on l'oublie souvent, plus au nord que l'Abitibi. Les belvédères de ce chapitre sont situés dans trois régions ayant chacune leur manière bien à elles d'être nordiques.

D'abord l'Abitibi, surnommée la Sibérie du Québec. La comparaison n'est pas sans fondement. Ce sont deux régions qui tirent leur intérêt davantage de leurs richesses souterraines que de leurs paysages, en général assez monotones. Encore que le parc national d'Aiguebelle soit pour certains l'exception qui confirme la règle ; pour nous, elle la fait plutôt mentir. Ce sont deux régions lointaines, mais l'éloignement n'est un inconvénient que pour les gens pressés. Pour bien connaître un pays, il ne faut pas être pressé par le temps. Reste le climat : la comparaison est justifiée. Attention, les hivers y sont très froids (on a déjà enregistré des températures inférieures à -40 °C). Cela étant, le climat continental se caractérise aussi par des étés chauds : trois mois affichent des moyennes supérieures à 20 °C, tout comme en Sibérie.

ORD-----LE NORD-----LE NORD-----LE NORD-----LE NORD-----LE NORD-----LE NORD-----LE NORD-----LE NORD-----LE NORD-----LE

La région du Saguenay–Lac-Saint-Jean est située à la même latitude que l'Abitibi et pourtant, la proximité aidant sans doute, on ne lui reproche ni son éloignement ni son climat, et pour cause : à plusieurs égards, il s'agit d'un nord bien relatif. On pourrait presque y voir un rappel de la douce vallée du Saint-Laurent au cœur du vaste et sévère Bouclier canadien.

Toujours parmi les exemples de nord relatif, il y a la Côte-Nord, aux portes du Labrador, que les cartographes d'autrefois appelaient avec l'imprécision caractéristique de cette époque, le « pays des Esquimaux ». Il faut dire qu'il fut un temps où, effectivement, les Inuits occupaient ou fréquentaient la région. Quelques toponymes en témoignent. Il faut surtout savoir que Natashquan et Blanc-Sablon sont situés à une latitude bien supérieure à celle de Rouyn-Noranda ou de Val-d'Or.

Le Nord, un pays monotone ? Quelques belvédères vous convaincront que ce n'est pas le cas. L'intérêt des paysages qu'ils dominent vaut largement la distance à parcourir pour y parvenir. Ne pensez pas à la Sibérie et pointez vers le nord. Vous y découvrirez des paysages d'une grande beauté, de cette beauté nordique où la nature s'impose avec force et austérité.

90

LE BELVÉDÈRE DE L'OUTAOUAIS

TÉMISCAMING

1

On lit sur le portail électronique de la Ville : « *Témiscaming, cité-jardin* ». Publicité tout à fait adéquate. Ville de compagnie, Témiscaming a été conçue selon le concept et les règles des cités-jardins anglo-saxonnes. Étagée sur le versant est de la rivière des Outaouais, elle est agrémentée de fontaines délicatement sculptées, de parcs, de jardins et d'autres espaces fleuris le long de rues bien dessinées bordées d'élégantes maisons au parfum d'Angleterre.

Au XVIIe siècle déjà, la région attire les coureurs des bois, dont Radisson et Des Groseillers, venus y faire la traite des fourrures – activité qui caractérise surtout le XVIIIe siècle. Un siècle plus tard, l'heureux mariage d'une forêt mixte, riche et dense avec un réseau de rivières étendu éveille l'intérêt d'exploitants forestiers, dont l'arrivée à partir de 1870 donne une impulsion considérable au développement de la région. Des bateaux à vapeur amènent de nouveaux colons et remorquent des estacades. En 1895, le chemin de fer permet d'écouler la production des moulins à scie devenus nombreux le long de l'Outaouais et à l'intérieur du pays, grâce à la voie de sortie qu'offrent les rivières aptes au flottage et à la drave. En 1918, la papetière Riordon Pulp and Paper Co. s'installe à Témiscaming et confirme la vocation forestière de la ville, à laquelle s'ajoute aujourd'hui la vocation touristique.

Le riche passé de la haute rivière a de quoi attiser l'imagination de tout rêveur en quête de repos et d'inspiration au belvédère de l'Outaouais, posté dans le secteur nord de la ville, face à la rivière. Ainsi la rivière serait d'abord empruntée par des familles algonquines ou *outaouaks* venues bivouaquer au bord de la *Pasapikaikanik Sipi* (« la rivière au roc coupé ») ou de la *Kitchisipi* (« la grande rivière »). Y circuleraient ensuite les voyageurs, avec leurs immenses canots d'écorce, remontant à vide le cours d'eau pour ensuite le redescendre chargés de ballots de fourrures. Puis passerait le Mattawan, un bateau à vapeur transportant un groupe de colons en route vers le lac Témiscamingue. Un peu plus tard, des remorqueurs tireraient de longs trains de bois sortis des scieries de la région. Enfin, ce serait le calme, de quoi constater que les billots sont aujourd'hui transportés par la route et que l'industrie forestière a connu de meilleurs jours.

?

Comment s'y rendre

Après avoir traversé le secteur résidentiel de la ville par le chemin Kipawa, la rue principale de Témiscaming, vous prenez l'avenue Thorne, à droite. Un km plus loin, la rue Belvédère y mène.

1. La rivière des Outaouais, rivière frontière. 2. Du côté ontarien, face à Témiscaming, quelques chalets.

OUAIS-----LE BELVÉDÈRE DE L'OUTAOUAIS-----LE BELVÉDÈRE DE L'OUTAOUAIS-----LE BELVÉDÈRE DE L'OUTAOUAIS-----LE BELVE

2

1

2

-LE BELVÉDÈRE DU SENTIER LA TRAVERSE-----LE BELVÉDÈRE DU SENTIER LA TRAVERSE-----LE BELVÉDÈRE DU SENTIER LA T

4

3

91

LE BELVÉDÈRE DU SENTIER LA TRAVERSE

PARC NATIONAL D'AIGUEBELLE

Le parc national d'Aiguebelle occupe le centre d'un quadrilatère relativement vide aux quatre coins duquel sont situées les quatre principales villes de l'Abitibi: Rouyn-Noranda, Val-d'Or, Amos et La Sarre. Créé en 1985, à partir d'une réserve de chasse et de pêche, ses quelque deux cent soixante kilomètres carrés offrent une variété de paysages et de phénomènes qui démentent l'impression trop répandue que l'Abitibi n'est qu'une morne plaine de faible intérêt.

Cette région est le résidu d'un lac formé par la fonte du glacier continental ; les plaines argileuses et sans relief y dominent. Si les sommets sont peu impressionnants (le bien nommé *mont Dominant* ne fait que 570 mètres d'altitude), ils constituent tout de même la ligne de faîte qui sépare les bassins de l'Atlantique et de la baie d'Hudson. En langue algonquine, le toponyme *Abitibi* signifie d'ailleurs « eau mitoyenne ». Dans ce château d'eau nordique fait de roches d'origine volcanique vieilles de plus de deux milliards d'années, le glacier continental a sculpté des reliefs dont la variété contribue à l'intérêt des lieux. Rien de monotone dans ces paysages.

Plusieurs sentiers permettent de les observer. Le sentier La Traverse vous amènera au lac La Haie que vous franchirez au moyen d'une passerelle de 64 mètres, suspendue 22 mètres au-dessus du lac. Celui-ci a été creusé par un glacier qui s'est sans doute faufilé le long d'une faille préexistante, en la remodelant selon sa technique, celle de transformer une vallée en V en une vallée en U. En chemin, vous pourrez contempler ce phénomène sous différents angles grâce à trois belvédères offrant des panoramas très photogéniques.

Le parc compte des dizaines de kilomètres de sentiers balisés. Ils permettent de croiser ou de côtoyer différents types de peuplements végétaux et de formes de relief : escarpements, lacs et tourbières se combinent de multiples façons pour composer des paysages originaux, incontestablement les plus spectaculaires de l'Abitibi. Pour ajouter un peu de sensationnel à l'émerveillement, le sentier Les Paysages vous réserve une descente acrobatique et quelque peu vertigineuse avec son escalier hélicoïdal d'une quinzaine de mètres installé le long d'une paroi verticale. Votre cœur battra de vertige et de beauté.

Il convient d'ajouter que c'est dans cette région qu'on retrouve la plus grande concentration de cervidés de toute l'Abitibi. Ours, loups, lynx, castors, loutres, visons, belettes, martres, porcs-épics, rats musqués sont aussi chez eux dans cette auberge espagnole faunique. Gardez l'œil ouvert et observez le silence.

?

Comment s'y rendre

À 15 km au nord de Rouyn-Noranda, de la route 101 part le chemin des 5e-et-6e-Rangs qui mène à Mont-Brun. De là, le rang Hudon mène à l'entrée du parc national d'Aiguebelle où vous trouverez les indications nécessaires.

1. Les contours capricieux du lac La Haie, vus d'un avion. 2. La passerelle, un peu oscillante mais très sécuritaire. 3. Une descente acrobatique : l'escalier hélicoïdal. 4. La partie sud du lac, vue de la passerelle.

92

LA TOUR D'OBSERVATION ROTARY

VAL-D'OR

1

-LA TOUR D'OBSERVATION ROTARY-----LA TOUR D'OBSERVATION ROTARY-----LA TOUR D'OBSERVATION ROTARY-----LA TOUR D'OB:

Les véritables richesses de la *Vallée de l'Or* ne sont pas visibles du premier abord. Elles se cachent bien en dessous de la surface du sol. Toutefois, pour le bénéfice de ceux qui s'intéressent à l'histoire des lieux autant qu'à leur esthétique, le paysage abitibien est ponctué de constructions qui indiquent que quelque chose d'important se passe plus bas.

La tour d'observation Rotary, bien située sur une modeste colline de Val-d'Or, permet de constater, grâce à la vue qu'elle offre du haut de ses 18 mètres, qu'il existe des paysages industriels où habitat et équipements miniers sont loin de faire mauvais ménage. L'imbrication des maisons d'habitation, d'îlots de verdure, de chevalements miniers, de lacs et de divers autres équipements comme le château d'eau, composent un paysage de *coexistence pacifique*.

La ville doit son existence à l'or dont la Sullivan Consolidated a découvert les gisements il y a exactement un siècle, mais d'autres métaux précieux, souvent associés à l'or, tels l'argent, le zinc, le plomb et le cuivre, abondent aussi dans la région.

Le nom de la compagnie est d'ailleurs inscrit dans la toponymie : elle a donné son nom à une agglomération située immédiatement au nord de Val-d'Or. Ceux qui s'intéressent aux noms géographiques pourront, du haut de la tour, identifier les lacs Blouin, De Montigny, Lemoine et Mourier qui adoucissent le paysage. Il n'est pas sans intérêt de noter que ces lacs alimentent la fameuse rivière Harricana, une des plus importantes du Québec du point de vue de sa navigabilité.

Les régions sans grand relief ont quand même un avantage : elles se prêtent à des vues lointaines. C'est le cas de la région de Val-d'Or où l'on peut apercevoir, par nuit claire, du haut de la tour d'observation Rotary, les reflets de villes pourtant assez éloignées : Rouyn-Noranda à plus de 100 kilomètres à l'ouest et Amos, à 65 kilomètres au nord-ouest.

Devant ce paysage, ayez une pensée pour les chercheurs d'or dont l'appât d'une richesse incertaine ne pouvait donner quelque résultat positif que dans la mesure où le courage les animait. Les compagnies ont-elles toujours reconnu et rétribué leur mérite à leur juste valeur ? À voir...

?

Comment s'y rendre

En arrivant à Val-d'Or, au premier rond-point, vous prenez la voie de contournement sud ; après 3 km, le boulevard Sabourin vous amène à la tour.

1. Val-d'Or et le lac Blouin.
2. Le signal de l'extraction minière.
3. Le club Rotary affiche son œuvre.

2

ON ROTARY-----LA TOUR D'OBSERVATION ROTARY-----LA TOUR D'OBSERVATION ROTARY-----LA TOUR D'OBSERVATION ROTARY-----L

3

1

-LE BELVÉDÈRE DE VAL-JALBERT-----LE BELVÉDÈRE DE VAL-JALBERT-----LE BELVÉDÈRE DE VAL-JALBERT-----LE BELVÉDÈRE D

3

par le téléférique ◆◆◆

par l'escalier

93

LE BELVÉDÈRE DE VAL-JALBERT

CHAMBORD

Lors de la fermeture du village de Val-Jalbert, il n'y avait ni Bureau d'aménagement de l'Est du Québec (BAEQ) ni projet de parc fédéral pour incendier ses maisons comme cela a été fait à Saint-Octave-de-l'Avenir et au parc Forillon. L'absence d'intervention gouvernementale a ainsi laissé le temps faire lentement son œuvre. Assez lentement pour que des esprits respectueux et soucieux du passé réussissent, avant qu'il ne soit trop tard, à donner une seconde vie à ce qui avait été, au début du XXe siècle, une ville de compagnie relativement prospère. Le rêve de Damase Jalbert, qui avait fait la fortune de la région durant un quart de siècle, s'est effondré en 1927. Son usine de pulpe subissait le contrecoup de la crise qui s'amorçait et le village fermait.

Aujourd'hui, le village fantôme de Val-Jalbert n'est plus un fantôme. C'est une halte qui s'impose à quiconque veut connaître les témoins d'un épisode historique qui a eu son importance. Près de l'usine de pâte à papier construite au pied de la chute Ouiatchouan, haute de plus de soixante-dix mètres (soit seize de plus que les chutes Niagara), s'alignaient les maisons d'habitation des travailleurs ainsi que divers bâtiments de service dont l'école et le magasin général. Un grand nombre de ces édifices ont subi une véritable cure de jouvence, tout en gardant la patine et le charme des constructions de l'époque.

Pour avoir une vue d'ensemble du village, il faut monter au belvédère principal, par téléphérique ou, pour les braves, par un escalier de 752 marches. Le nouvel aménagement d'une plate-forme de verre permet de se retrouver en plein cœur de la chute. Au-delà de cette émotion forte, le belvédère permet de constater l'immensité du lac Saint-Jean, cette mer intérieure de plus de mille kilomètres carrés que les Innus appelaient *Piekouagami*, « lac peu profond ». Vers l'ouest, on voit la ville de Roberval, troisième en importance de la région, après celles de Saguenay et d'Alma, de même que la réserve indienne de Mashteuiatsh, autrefois nommée *Pointe-Bleue*. Vers l'est, la pointe de Chambord amorce la longue série de saillies qui rythment le pourtour du lac. En contrebas, les vestiges de Val-Jalbert, un véritable musée en plein air comprenant aussi quelques intérieurs réaménagés.

Des sentiers et quatre autres belvédères permettent d'observer les reliefs différenciés que traverse la rivière Ouiatchouan. Grâce aux animations qu'on y présente durant la belle saison, une journée à Val-Jalbert nous en apprend beaucoup sur ce qu'était, il y a un siècle, la vie de la région.

?

Comment s'y rendre

Par la route 169 qui fait le tour du lac Saint-Jean, Val-Jalbert est situé à 7 km à l'ouest de Chambord.

1. Ancienne maison d'ouvrier. **2, 7.** Des sentiers minutieusement aménagés. **3.** Au pied de la chute Ouiatchouan, l'ancienne usine. **4, 6.** La Ouiatchouan, une rivière aux multiples chutes. **5.** En fond de scène, le lac Saint-Jean.

4

5

-LE BELVÉDÈRE DE VAL-JALBERT-----LE BELVÉDÈRE DE VAL-JALBERT-----LE BELVÉDÈRE DE VAL-JALBERT-----LE BELVÉDÈRE

6

LBERT-----LE BELVÉDÈRE DE VAL-JALBERT-----LE BELVÉDÈRE DE VAL-JALBERT-----LE BELVÉDÈRE DE VAL-JALBERT-----LE BEL

94

LE CHÂTEAU D'EAU DE L'ISLE MALIGNE

ALMA

1

-LE CHÂTEAU D'EAU DE L'ISLE MALIGNE-----LE CHÂTEAU D'EAU DE L'ISLE MALIGNE-----LE CHÂTEAU D'EAU DE L'ISLE MALIGNE-

L'eau est un élément majeur de la géographie du Québec. Elle est un facteur essentiel de développement pour l'agriculture, le transport et la production d'énergie. La région du Lac-Saint-Jean en est l'illustration éloquente. On y a d'ailleurs eu l'ingénieuse idée d'intégrer un centre d'interprétation multimédia de cette réalité à un château d'eau. On ne pouvait choisir meilleur symbole.

Le château d'eau de L'Isle-Maligne, devenu belvédère, permet d'embrasser du regard les divers éléments naturels et humains du paysage qui se déploie autour de la ville d'Alma. Le parc thématique L'Odyssée des Bâtisseurs, dont le réservoir est la pièce maîtresse, présente et explique les éléments naturels et humains de la région par des expositions, des reconstitutions et des animations.

Du haut des 25 mètres de cette citerne devenue observatoire, l'agencement et la complémentarité des différentes composantes de ce paysage à la fois urbain et industriel se manifestent nettement. Vous y distinguerez l'île Maligne, enserrée entre la *Grande Décharge* et la *Petite Décharge*, l'usine d'aluminium d'Alma et le complexe hydroélectrique qui l'alimente de ses 440 mégawatts, le barrage, le déversoir, les ponts et le quartier résidentiel.

On observe alors la résultante géographique d'un développement économique dont le moment fort a été la construction de la centrale hydroélectrique de L'Isle-Maligne, entrée en service en 1926. Elle devenait la plus puissante usine d'électricité du monde. Son impact sur la vie économique et sociale de la région a été considérable, notamment en alimentant en énergie l'usine d'aluminium d'Arvida. Aussi, le vaste paysage que l'on peut admirer depuis ce belvédère, grâce à l'appui informatif que constituent les aménagements du parc, est tout à fait représentatif de la vitalité de la région.

?

Comment s'y rendre

À Alma, en empruntant l'avenue du Pont Nord, on arrive directement au parc thématique de L'Odyssée des Bâtisseurs.

1. Un réservoir devenu centre d'interprétation. **2.** Quartier domiciliaire d'Alma. **3.** L'historique centrale de L'Isle-Maligne. **4.** La Maison des Bâtisseurs.

2

3

ÂTEAU D'EAU DE L'ISLE MALIGNE-----LE CHÂTEAU D'EAU DE L'ISLE MALIGNE-----LE CHÂTEAU D'EAU DE L'ISLE MALIGNE-----LE

4

1

-LE CAP JASEUX-----LE CAP JASEUX-----LE CAP JASEUX------LE CAP JASEUX------LE CAP JASEUX------LE CAP JASEUX------LE CA

2

95

LE CAP JASEUX

SAINT-FULGENCE

Le belvédère du cap Jaseux offre une vue spectaculaire sur l'enfilade de caps qui flanquent le fjord du Saguenay sur plusieurs dizaines de kilomètres. Vers l'est, le regard porte loin au-delà du passage entre le cap à l'Est et le cap à l'Ouest qui constituent comme une porte vers le Saint-Laurent que le Saguenay va rejoindre quelque cent kilomètres en aval.

L'intérêt de ce belvédère ne réside pas dans la variété et la complexité des éléments du paysage, mais dans l'extrême simplicité de la construction et la grande pureté des lignes qui la découpent, surtout par temps calme. Les eaux du fjord reproduisent alors, avec la fidélité d'un miroir, la couleur du ciel et la forme des caps qui font cortège au Saguenay. De quoi inspirer de longues heures de sérénité contemplative, enveloppées de silence.

Si le vent se met de la partie, la fébrilité des eaux contribue à faire ressortir une agitation naturelle à deux vitesses : en bas, le *prestissimo* impatient des vagues courtes qui se succèdent au pas de course, en haut, les vaporeuses masses blanches et grises traversant le ciel d'une solennelle lenteur. La puissance des reliefs s'impose aussitôt, évoquant la force érosive du glacier qui a profondément buriné un plateau de roches pourtant extrêmement résistantes.

Situé tout près de l'endroit où la rivière Saguenay devient fjord, le cap Jaseux est un *petit cap Trinité*, installé sur la première marche d'un escalier qui en compte trois. Cette situation particulière lui confère un microclimat favorable, parce que protégé des vents dominants. C'est dans les environs du cap que l'eau douce de l'amont devient salée, ce qui naturellement favorise la diversité des écosystèmes, d'autant plus qu'à Saint-Fulgence, sept kilomètres plus à l'ouest, des battures vaseuses ajoutent à la variété. La flore et la faune, spécialement la faune ailée, y sont particulièrement riches. Plus de deux cent trente espèces d'oiseaux ont été observées. Pour vous assurer d'en reconnaître plusieurs, il vaut la peine de visiter, à Saint-Fulgence, le Centre d'interprétation des battures et de réhabilitation des oiseaux (CIBRO) ; son nom indique bien sa mission originale. Un autre belvédère y offre une vue sur le fjord et les battures.

?

Comment s'y rendre

À partir de Chicoutimi vers l'est, la route 172 contourne le premier village, Saint-Fulgence ; 3 km plus loin, un chemin sur la droite mène au Parc Aventures Cap-Jaseux. C'est bien indiqué.

1, 2, 3. Le Saguenay, un fjord parfois sage comme une image.

3

96

LE PIC DE LA HUTTE

PARC NATIONAL DES MONTS-VALIN

1

-LE PIC DE LA HUTTE-----LE PIC DE LA HUTTE-----LE PIC DE LA HUTTE-----LE PIC DE LA HUTTE-----LE PIC DE LA HUTTE-----LE PI

Fort étrangement, ce sont surtout les étrangers qui fréquentent les monts Valin, situés dans l'arrière-pays immédiat de Chicoutimi. Et pourtant, le parc national des Monts-Valin a tant à offrir ! Il apporte une belle contribution aux connaissances sur le climat, la flore et la géomorphologie et fournit des exemples étonnants de ce que la nature peut créer d'insolite et de fascinant.

L'enneigement exceptionnel dont bénéficie la région fait le bonheur des skieurs et des raquetteurs, non seulement pour la pratique de leur sport, mais aussi pour les émotions esthétiques qu'il procure. En hiver, on jurerait que la neige, le gel et le vent coordonnent leur travail et leur imagination pour habiller les arbres. Les formes fantasmagoriques qu'ils revêtent évoquent une foule d'étranges personnages venus d'un autre monde. La *Vallée des Fantômes* porte bien son nom.

En toute saison, la montée au pic de la Hutte permet de traverser des peuplements végétaux variés, de côtoyer des abrupts impressionnants et de longer un torrent qui exhibe sa puissance tant par son grondement que par la forme des roches qu'il a transportées et arrondies au fil du temps. Au sommet, on réalisera que le paysage végétal a considérablement changé : l'altitude aura fait son œuvre et on se retrouvera pratiquement en milieu arctique, caractérisé par les mousses, les lichens et les arbustes rabougris.

La maigreur de la végétation offre une vue dégagée sur la région. Elle est impressionnante par sa vastitude portant au-delà du fjord, jusqu'à Saint-Félix-d'Otis, voire jusqu'à la réserve faunique des Laurentides. Vers le sud-ouest, on distingue nettement la ville de Saguenay et l'usine de l'Alcan à L'Isle-Maligne. Par temps clair, même le lac Saint-Jean est visible, bien qu'il soit situé à quatre-vingts kilomètres à l'ouest. Tous ces éléments s'insèrent dans un écrin montagneux formant un massif d'une quinzaine de pics dont l'altitude avoisine les 800 mètres.

En n'investissant qu'une petite journée à partir de Saguenay, randonneurs, skieurs, raquetteurs, pêcheurs, photographes et poètes pourront amplement trouver, dans le parc de national des Monts-Valin, une source de détente et d'inspiration.

?

Comment s'y rendre

À partir de Saint-Fulgence, le rang Saint-Louis puis le chemin du Bras-des-Canots mènent à un stationnement, à 9 km. Le sentier Pic-de-la-Hutte conduit au belvédère, 1,5 km plus loin, après une dénivellation de 70 m.

1. Au loin, le Saguenay.
2. Vue aérienne du promontoire.
3. L'imagination magique de l'hiver.

2

3

1 2

-LE BELVÉDÈRE DE LA VIERGE-----LE BELVÉDÈRE DE LA VIERGE-----LE BELVÉDÈRE DE LA VIERGE-----LE BELVÉDÈRE DE LA VI

4

3

97

LE BELVÉDÈRE DE LA VIERGE

RIVIÈRE-ÉTERNITÉ

Telle une haie d'honneur, les caps entre lesquels coule majestueusement le Saguenay en comptent un devenu particulièrement célèbre, le cap Trinité, grâce à une statue de Marie trônant sur la première des trois gigantesques marches qui lui doivent son nom. En 1881, l'évêque de Chicoutimi, Mgr Dominique Racine, fit ériger, à la demande d'un voyageur, Charles-Napoléon Robitaille, un monument votif en hommage à la Vierge. Après avoir failli perdre deux fois la vie – d'abord lorsque la glace du fjord céda sous le poids de son cheval, puis de la maladie qui s'ensuivit – il attribua son salut à la Vierge qu'il avait dans les deux cas implorée.

La statue, œuvre du sculpteur Louis Jobin, fut transportée par bateau jusqu'à L'Anse-Saint-Jean où elle connut le même sort que le cheval de M. Robitaille : le bateau chavira et sa précieuse cargaison sombra dans les eaux froides du Saguenay. Cette fois, la Vierge se sauva elle-même ; faite de bois, on pouvait la voir nager… Et c'est à dos d'homme qu'on la transporta en pièces détachées jusqu'à son piédestal naturel, en 1881. Haute de 7,5 mètres, elle pèse trois tonnes. Ce symbole matériel de la ferveur du fidèle voyageur et de sa reconnaissance envers la Vierge fait aujourd'hui l'objet d'un pèlerinage dont l'objectif, pour plusieurs, est sans doute davantage de profiter du panorama.

Le fjord du Saguenay est assurément l'un des joyaux de la nature québécoise. Le plus méridional des fjords de l'hémisphère nord est visible de plusieurs points, situés autant au sommet qu'en contrebas de ses rives abruptes. L'excursion à la statue de la Vierge permet d'observer la vallée glaciaire ennoyée qui constitue le fjord. Cette magistrale *Porte du Royaume* révèle ses dimensions gigantesques, exhibe avec netteté la verticalité de ses parois, arbore son couvert végétal heureusement préservé ; sans l'ombre d'un doute, le fjord du Saguenay figure parmi les paysages les plus spectaculaires du Québec.

Un sentier de 2,7 kilomètres mène à la statue, après quelque 450 mètres de dénivelé, sous un agréable couvert forestier ou à travers des amas de caillasse et de pierraille.

Si vous croyez davantage à la mythologie amérindienne qu'à la tradition chrétienne, vous trouverez une explication à la forme du cap Trinité : ses trois entailles superposées seraient l'œuvre du chasseur Wapuchich devenu géant à force de courage. Pour en savoir plus, lisez la légende du cap Trinité dans *Lieux de légendes et de mystère du Québec*, publié aux Éditions de l'Homme.

?

Comment s'y rendre

À partir du centre d'accueil, un sentier de 2,7 km, bien balisé et aménagé, mène au belvédère.

1. Bloc erratique faisant office d'abri sous roche. 2, 3. Un sentier de difficulté variable. 4, 5. En chemin vers la Vierge. 6, 7. La Vierge, sur la première des trois marches du cap Trinité. 8. La madone du Saguenay.

5

8

6

7

---LE BELVÉDÈRE DE LA VIERGE-----LE BELVÉDÈRE DE LA VIERGE-----LE BELVÉDÈRE DE LA VIERGE-----LE BELVÉDÈRE DE LA V

98

LE BELVÉDÈRE DE L'ANSE-DE-TABATIÈRE

L'ANSE-SAINT-JEAN

1

Il y aurait cinquante belvédères surplombant le Saguenay qu'il faudrait tous les faire. On ne peut en effet se rassasier d'admirer la magnificence de ce fjord, assurément l'un des plus majestueux d'Amérique du Nord. Parmi ces belvédères, celui de l'Anse-de-Tabatière devrait figurer en bonne place sur votre liste d'observatoires à découvrir, car en plus d'être très facile d'accès, il offre une vue permettant de mesurer les impressionnantes dimensions de cette vallée glaciaire ennoyée.

Il faut remercier le grand responsable de cette gigantesque sculpture qui n'est autre que *Maître Glacier*. Aux ordres de qui pouvait-il obéir ? Comment savoir... Quoi qu'il en soit, il a bien exécuté son mandat. Né d'un refroidissement de la planète (dont on ne connaît pas le responsable, encore une fois), il s'est engagé dans une vallée qui, jusque-là, devait être une simple fracture dans un massif rocheux ou encore l'axe d'une modeste rivière. Il fallait bien qu'il s'écoule vers le bas, comme tous les cours d'eau, même glacé. Il l'a fait, toutefois, à un rythme infiniment plus lent tout en étant infiniment plus actif, car la glace – on le conçoit facilement – gratte plus fort que l'eau. Le patient travail du glacier a donc, au fil des siècles, des millénaires, sculpté une vallée au profil arrondi, caractéristique des vallées glaciaires.

L'histoire géologique du Québec nous enseigne qu'une fois son travail accompli, le glacier continental a fondu et alimenté de son eau une mer – la mer de Champlain – qui a recouvert une partie du Québec, essentiellement les basses terres du Saint-Laurent. Le travail de surcreusement des vallées avait aussi fait son œuvre de part et d'autre de la plaine du Saint-Laurent ; celles qui avaient contact avec cette mer de Champlain sont aujourd'hui ennoyées au même niveau que le fleuve. Voilà comment quelques vallées glaciaires, une fois envahies par l'eau, sont devenues des fjords.

Le belvédère de l'Anse-de-Tabatière, lieu-phare du parc national du Saguenay, vous attend. Il vous promet l'émerveillement. Si l'envie de maugréer vous prenait en raison de la présence de fils à haute tension, dites-vous bien que sans la *ligne Micoua-Laurentides*, des milliers de personnes et d'édifices seraient privés de l'énergie produite par Hydro Québec qui, soit dit en passant, a aménagé ce splendide belvédère.

?

Comment s'y rendre

Une fois rendu à L'Anse-Saint-Jean, après l'église, empruntez la route du Faubourg et le pont couvert, puis le chemin de l'Anse qui mène au belvédère 8 km plus loin.

1. Le fjord ; vue vers l'est. 2, 3. Le fjord ; vue vers l'ouest.

2

---LE BELVÉDÈRE DE L'ANSE-DE-TABATIÈRE-----LE BELVÉDÈRE DE L'ANSE-DE-TABATIÈRE-----LE BELVÉDÈRE DE L'ANSE-DE-TABA

3

1

2

LE JARDIN DES GLACIERS-----LE JARDIN DES GLACIERS-----LE JARDIN DES GLACIERS-----LE JARDIN DES GLACIERS-----LE JARI

4

99

LE JARDIN DES GLACIERS

BAIE-COMEAU

S GLACIERS-----LE JARDIN DES GLACIERS-----LE JARDIN DES GLACIERS-----LE JARDIN DES GLACIERS-----LE JARDIN DES GLACI

Le réchauffement de la planète que l'on observe de nos jours implique somme toute des variations très faibles par rapport aux changements antérieurs. Le XXe siècle a connu un réchauffement inférieur à un degré Celsius, alors qu'il y a vingt mille ans la planète était globalement de dix degrés plus froide. Ces chiffres répondent à l'étonnement que l'on peut avoir en apprenant que le Québec a déjà été recouvert d'une couche de glace de plusieurs milliers de mètres d'épaisseur. Ils ont quelque chose d'abstrait, sinon de surréaliste. Pourtant, à voir les résultats concrets de l'épisode glaciaire, soit nos reliefs actuels, on constate l'extraordinaire puissance du glacier continental.

Le Jardin des glaciers, aménagé au cœur de la réserve mondiale de la biosphère Manicouagan-Uapishka, a été conçu de façon à illustrer comment l'érosion glaciaire a produit les formes de relief que nous connaissons. La vue qui se dégage du belvédère installé en contrebas du jardin, tout près de la route 138, permet d'apprécier la vigueur du glacier. Celui-ci a eu raison de la dureté des roches du Bouclier canadien qu'il a creusées jusqu'en dessous du niveau actuel du fleuve. Cela explique qu'après la fonte du glacier l'eau ait envahi cette échancrure de la côte pour y former un court fjord ; c'est l'anse Saint-Pancrace, encadrée de falaises abruptes qui témoignent elles aussi de la force du glacier.

Ceux qui souhaiteraient avoir des explications plus élaborées sur les processus propres à la géomorphologie glaciaire auront le choix de visiter trois zones d'interprétation du jardin, les zones *Spectacle, Nature* et *Adrénaline*. Ils pourront suivre plusieurs circuits présentant différents phénomènes liés à l'érosion glaciaire. La nomenclature de ces derniers témoigne de la grande variété de formes et de processus propres à ce type de relief : fjord, chenal fluvio-glaciaire, moraine, rainures, cannelures, stries, canyon, abrupt d'arrachement, falaise, etc. Ces formes, de même que les processus qui les ont créées, font l'objet d'explications scientifiquement précises, tout en restant accessibles. Des activités sportives adaptées aux reliefs ainsi qu'un spectacle multimédia, présenté dans la *Station d'exploration glaciaire*, établissent une belle complémentarité entre les intérêts physiques et intellectuels de chacun.

?

Comment s'y rendre

Le belvédère donnant sur l'anse Saint-Pancrace est à quelques marches du stationnement qui borde la route 138, à environ 8 km à l'est de Baie-Comeau.

1. Un des abrupts spectaculaires. **2.** L'anse Saint-Pancrace, un mini-fjord. **3.** Un belvédère fort bien documenté. **4.** Abri-belvédère surplombant l'anse Saint-Pancrace. **5.** Le lac aux Canards.

5

1

100

LE CAP CROW

BLANC-SABLON

LE CAP CROW-----LE CAP CROW-----LE CAP CROW-----LE CAP CROW-----LE CAP CROW-----LE CAP CROW-----LE CAP CROW-----LE

La Basse-Côte-Nord est une région sans grand relief, une terre rocailleuse et dénudée. Pourtant, elle dégage un petit quelque chose qui évoque la ténacité et le courage. C'est le propre des pays rudes. Ils mettent leurs habitants à l'épreuve, qui trempent ainsi leur caractère dans cette atmosphère de pays neuf.

Blanc-Sablon est la dernière municipalité du Québec avant la côte du Labrador, la partie continentale de la province voisine. Quand on sait que ce village est situé à huit cents kilomètres de Sept-Îles, elle-même à neuf cents kilomètres à l'est de Montréal, on prend la mesure du caractère à la fois excentrique et singulier de ce coin de pays. Il vaut la peine d'y aller, ne serait-ce que pour constater d'une manière quasi viscérale la vastitude du pays. Le douteux privilège de ne pas être relié au réseau routier du Québec forcera le visiteur qui ne voudrait pas s'y rendre en avion à aller par la route jusqu'à Natashquan. De là, il devra naviguer durant près de deux jours, ce qui lui permettra de visiter les rares communautés où le *Nordik* fait escale et de constater leur isolement. On pourra bientôt s'y rendre par la route, grâce au réseau routier que la province voisine a eu, elle, l'initiative de développer.

Bien sûr, on n'y trouve ni reliefs vertigineux, ni belvédères *à coupler le souffle*, ni même la douceur de paysages qui alimentent la facile joie de vivre. Le voyage aide néanmoins à comprendre que ce pays s'est fait grâce à des hommes et à des communautés dont on est porté à oublier trop facilement l'essentielle contribution : ces gens sont nos pacifiques garde-frontières.

À Blanc-Sablon, une petite colline est surmontée d'une statue de la Vierge où aboutit un chemin de croix dont les éléments ont été fabriqués en Italie. La Vierge, quant à elle, vient de France. C'est sans doute pour évoquer ces origines diverses que les cinq dizaines du chapelet qui escorte le piéton se dirigeant vers la Vierge sont de couleurs différentes ; on dit qu'elles représentent les cinq continents.

Outre la dévotion à la Vierge, une autre bonne raison nous incite à gravir cette toute petite colline. Du haut de ce modeste relief s'étend un paysage illustrant toute la rudesse du pays : une absence de végétation, la roche à nu que recouvre péniblement une maigre végétation et un habitat éparpillé sans autre plan que le hasard de l'espace disponible. En face, c'est l'île au Bois, sur laquelle les pêcheurs faisaient sécher leur morue ; des vestiges archéologiques permettent de bien les localiser. Au total, une occupation du territoire à la limite du possible, en même temps qu'une leçon de volonté collective.

?

Comment s'y rendre

L'avion, le bateau et l'auto ont chacun leurs avantages et leurs inconvénients pour se rendre à Blanc-Sablon. Une fois rendu, il est facile de se rendre à la croix : on la voit de partout.

1. Le chemin de croix vers la Vierge. 2, 3. La Vierge de la colline. 4. Un habitat non aligné, comme aux îles de la Madeleine.

2

3

ROW-----LE CAP CROW-----LE CAP CROW-----LE CAP CROW-----LE CAP CROW-----LE CAP CROW-----LE CAP CROW-----LE CAP CROW

4

INDEX THÉMATIQUE-----INDEX THÉMATIQUE-----INDEX THÉMATIQUE-----INDEX THÉMATIQUE-----INDEX THÉMATIQUE-----INDEX T

-MATIQUE-----INDEX THÉMATIQUE-----INDEX THÉMATIQUE-----INDEX THÉMATIQUE-----INDEX THÉMATIQUE-----INDEX THÉMATIQU

INDEX THÉMATIQUE

Les chiffres renvoient aux numéros des belvédères.

REMERCIEMENTS

Ce livre n'aurait pu être réalisé sans la précieuse collaboration de nombreuses personnes que nous tenons à remercier ici chaleureusement.

D'abord pour ce qui concerne l'accès aux sites. Merci à tous les anges gardiens des belvédères : Paule Bussières (Sépaq) et ses collègues Isabelle Lemieux-Leblanc, Jean-François Boily, François Boulanger, Denis Labossière, Denis Ouellet, Richard Rozon et Dominic Simard ; Daniel Daoust (Centre d'interprétation de l'historique de la protection de la forêt contre le feu – Château Logue) ; Bénédickt Kuhn (CLD de Pontiac – Rocher à l'Oiseau) ; Marie-Pierre Denis, Frédéric Asselin, Étienne Beaumont et Sylvain Morasse (Coopérative de solidarité Vallée Bras-du-Nord) ; Alain Contant et Morgan Robitaille (Corporation Massif du Sud) ; Paule Rochette (Gestion Mont-Gosford) ; Christian Parent et Pierre-Luc Piché (Les Amis de la Montagne du Diable) ; Ken Rourke-Frew et Denys Martin (Owl's Head Developement Inc.) ; Steve Deschênes (Parc Aventures Cap Jaseux) ; Élise Jolicoeur (Sentiers pédestres des 3 Monts de Coleraine) ; Kate Boudreau (Société immobilière du Québec) ; Louise Faucher (Station Mont-Orford) ; Catherine Lacasse (Station Mont-Tremblant-Intrawest).

Un merci tout particulier à Henriette Thériault qui nous a encouragés et soutenus tout au long de notre projet.

Nous sommes également redevables à plusieurs personnes pour la rédaction ; nous les remercions de leur précieuse collaboration. Valérie Auger-Hudon a patiemment contribué à la recherche géographique et historique qui a nourri notre propos. Renée Hudon nous a donné de judicieux conseils quant au contenu et à la forme du texte. Karen Dorion-Coupal a pris part à la rédaction de certains textes et assuré la révision linguistique de l'ensemble de l'ouvrage, avec l'appui d'Érika Fixot et d'Anik Dorion-Coupal qui ont respectivement collaboré à la correction des textes et validé le contenu toponymique des huit chapitres. Merci aussi à Pierre Tremblay qui a validé et précisé certains contenus relatifs aux belvédères de l'Est et du Bas-Saint-Laurent.

La direction du Département de géographie de l'Université Laval nous a généreusement permis de bénéficier des talents de Karine Tessier qui a réalisé avec grande précision les cartes permettant de localiser les belvédères.

L'appui de toute l'équipe des Éditions de l'Homme a été inconditionnel comme toujours. Merci à Christine Hébert pour son merveilleux talent de graphiste. Toute notre reconnaissance à Erwan LeSeul, Diane Denoncourt et Pierre Bourdon qui nous font confiance et nous aident à réaliser nos projets les plus fous.

Enfin, nous saluons tous ceux et celles qui, de près ou de loin, nous ont aidés : Roch Beaulieu, Frances Caissie, Chico, Christine Eddie, Jérôme Hardy, Myra Hébert, Daniel Lacerte, Pierre Lachance, David Leblanc, Gilles Lemieux, Alison McGain, Johanne Robitaille, Benoit Rollin, Jean-Paul Salün, Gérard R. Thériault.

--REMERCIEMENTS-----REMERCIEMENTS-----REMERCIEMENTS-----REMERCIEMENTS-----REMERCIEMENTS-----REMERCIEMEN

-ACHEVÉ D'IMPRIMER AU CANADA-----ACHEVÉ D'IMPRIMER AU CANADA-----ACHEVÉ D'IMPRIMER AU CANADA-----ACHEVÉ